\십 대,/
인권의 주인공이
/ 되다! \

십 대, 인권의 주인공이 되다!

초판 1쇄 발행 2020년 1월 30일
초판 7쇄 발행 2022년 7월 20일

지은이 김광민 **그린이** 박선하
펴낸이 이지은 **펴낸곳** 팜파스
기획편집 박선희 **마케팅** 김서희, 김민경
디자인 조성미

출판등록 2002년 12월 30일 제 10 - 2536호
주소 서울특별시 마포구 어울마당로5길 18 팜파스빌딩 2층
대표전화 02 - 335 - 3681 **팩스** 02 - 335 - 3743
홈페이지 www.pampasbook.com | blog.naver.com/pampasbook
이메일 pampas@pampasbook.com

값 13,000원
ISBN 979 - 11 - 7026 - 319 - 7 (43300)

이 도서의 국립중앙도서관 출판시도서목록(CIP)은 서지정보유통지원시스템 홈페이지
(http://seoji.nl.go.kr)와 국가자료공동목록시스템(http://www.nl.go.kr/kolisnet)
에서 이용하실 수 있습니다.(CIP제어번호: CIP2019053375)

십 대,
인권의 주인공이
되다!

김광민 지음

팜파스

세상을 배우는
가장 단단한 방법, 인권

'국가인권위원회'라는 대통령 직속 정부 기관이 있답니다. '국가인권위원회'의 설치 등을 규정하고 있는 '국가인권위원회법'은 '인권'을 "대한민국 헌법 및 법률에서 보장하거나 대한민국이 가입·비준한 국제인권조약 및 국제관습법에서 인정하는 인간으로서의 존엄과 가치 및 자유와 권리"라고 설명하고 있어요. 우리나라의 법 중 '인권'에 대해 정의하고 있는 유일한 규정이에요.

'국가인권위원회법'에 따른다면 무언가 조금 의아해져요. '헌법'과 '법률' 그리고 '국제인권조약' 및 '국제관습법'은 모두 우리가 지켜야 할 규범이에요. 이러한 규범에서 인간으로서의 존엄과 가치 및 자유와 권리를 인정해 주는데 굳이 인권을 강조해야 할 필요가 있을까요? 법이 인권을 규정하고 있다면 법을 따르면 되는 것이지 굳이 인권이 무엇인지, 왜 보장되어야 하는 것인지에 대해 논의할 필요가 있을까요?

그럼에도 우리 사회에서는 끊이지 않고 '인권'이라는 두 글자가 시민들의 관심을 받아 오고 있어요. 그 관심은 논란에 휩싸여 갈등을 일으키기도 하고, 누군가를 보호해 주기도 하고, 누군가를 공격하기도 하죠. 때로는 인권이 무엇인지에 대해 서로의 생각이 극명하게 달라서 격한 싸움으로 이어지기까지 해요. '인간으로서의 존엄과 가치 및 자유와 권리'라는 인권이 오히려 우리 사회를 혼란에 빠뜨리고 서로에게 상처를 주는 것이죠.

도대체 가장 높은 법인 헌법이 보장하라는 '인권'을 둘러싸고 왜 이토록 많은 논란들이 발생하는 것일까요? 그것은 우리 사회에서는 아직 '인권이 무엇인지'에 대한 심도 깊은 논의가 제대로 이루어지지 못했기 때문일 거예요. 심도 깊은 논의가 이루어져 오지 못했으니 사회 구성원들 간 인권이 무엇인지에 대한 혼란과 갈등이 생길 수밖에 없죠.

그렇다면 결국 인권을 온전히 보장하기 위해서는 인권이 무엇인지에 대해 우리 사회의 깊은 고민이 먼저 이루어져야겠네요. 그리고 이 고민은 인권에 대한 공부가 뒷받침되어야 할 거예요. 자, 인권에 대한 심도 깊은 논의를 위해 인권을 고민하고 공부해 볼까요?

CHAPTER 02

⋛역사 속에서 인권은 어떤 모습으로 발전해 왔을까?⋚

⌒우리 사회에서 인권은 어떤 얼굴을 하고 있을까?⌒

CHAPTER 04

⊱ 청소년의 인권, 아는 만큼 지킬 수 있어요! ⊰

CHAPTER 01

지금 십 대가 인권을 알아야 하는 이유!

'학생인권조례'. 한 번씩은 들어 보았을 거예요. 우리나라는 중학교까지 의무 교육이기 때문에 십 대 청소년들은 대부분 학생일 거예요. 물론 고등학교를 진학하지 않은 청소년도 여럿 있지만 이들도 몇 년 전까지는 학생이었겠지요. 그렇기 때문에 학생인권조례는 청소년의 인권을 보장하기 위한 조례라고 해도 크게 틀린 말은 아닐 거예요.

학생인권조례는 2010년 경기도에서 처음 만들어졌어요. 이후 서울, 광주, 전라북도 등 전국으로 퍼져 갔지요. 그런데 학생인권조례를 제정한 지자체들이 대부분 동일한 어려움을 겪었어요. 바로 학생인권조례를 반대하는 몇몇 세력들의 극단적인 훼방이었지요. '훼방'이라고 표현한 이유는 조례 내용과 아무런 상관이 없는 내용으로 반대했기 때문이에요. 이를테면 학생인권조례가 "동성애를 조장한다", "공부를 방해한다", "임신할 권리를 가르친다" 등등이 있지요.

동성애, 공부, 임신 등에 대한 가치 평가는 잠시 미루더라도 학생인권조례에는 어디에도 이와 같은 용어들이 나와 있지 않아요. 더욱이 학생인권조례는 새로운 가치를 만들거나 담으려 하지 않았어요. 그저 학생·청소년이라면 당연히 보장받아야 할 권리를 다시 한 번 확인할 뿐이지요. 그렇다면 '인권', 특히 '청소년 인권'이 무엇인데 누군가는 지키려 하고 누군가는 극단적으로 거부했을까요? 이것을 알아보기 위해서는 인권이 보장되지 못한다면 어떤 문제가 있는지, 인권을 보호해야 하는 이유는 무엇인지 등을 함께 알아봐야 할 거예요. 어떠한 것이든 그것이 충족되었을 때는 소중함을 알기 힘든 법이니까요.

지금 십 대가
인권을 알아야
하는 이유!

청소년에게도
세상을 함께 만들어 갈
권리가 있다!

　1913년 영국에서 에밀리 와일링 데이비슨이라는 여성이 경마장의 경주로 한가운데로 뛰어들었어요. 그녀는 질주하던 국왕의 말고삐를 잡으려다 넘어지면서 그만 뒤이어 달려온 말에 짓밟혀 죽고 말았지요. 그녀가 목숨을 걸고 달리는 말에 뛰어든 이유는 무엇이었을까요? 바로 여성의 참정권, 즉 여성에게도 투표권을 달라는 요구를 위해서였답니다. 에밀리 와일링 데이비슨은 여성의 참정권을 외치기 위해 목숨을 걸었던 거예요.

　지금은 선거 날이면 엄마, 아빠 모두 투표소를 찾는 것이 당연한 풍경입니다. 이 당연한 풍경이 실은 그렇게 오래된 일이 아니라는 것을 알고 있나요? 과거에 여성은 투표소의 문턱을 넘지 못했어요. 꽤 최근까지 여성에게는 투표할 권리가 없었답니다. 우리가 흔히 민주주의 선진국이라 부르는 국가들도 크게 다르지 않아요. 대부분 국가에서는 1900년대 중반이 되어서야 여성에게 투표권이 주어졌어요. 몇몇 나라들을 자세히 살펴볼까요?

미국에서는 1920년에, 영국에서는 1928년에 여성 참정권이 인정되었답니다. 이탈리아는 1945년, 프랑스는 1946년, 스위스는 1971년이 되어서야 여성의 투표를 허용했어요. 심지어 아랍권 국가 중에는 2000년대에 들어서야 여성 참정권을 허용한 국가들도 있답니다. 쿠웨이트는 2005년에야, 그리고 사우디아라비아는 10년이나 더 늦은 2015년이 되어서야 여성에게도 남성과 동등하게 투표권을 인정했어요. 우리나라는 1948년에 처음 헌법을 만들면서부터 여성 참정권이 도입되어 비교적 여성의 투표권을 일찍 허용한 국가 중 하나랍니다.

이렇듯 우리가 당연하게 생각했던, 여성이 투표하러 가는 모습은 불과 몇 십 년 전만 해도 상상하기 힘든 일이었어요. 그리고 에밀리 와일링 데이비슨처럼, 목숨을 걸고 여성의 참정권을 외친 수많은 이들의 피와 땀이 밴 끝에 여성이 투표소에 들어갈 수 있게 되었지요.

└ 여성에게 참정권을! 영화 〈서프러제트〉의 시위 장면

└ 1912년 5월 6일 미국 뉴욕에서 열린 여성 선거권 대회

참정권은
여러분의 인권 문제이기도 해요

　목숨을 걸고 참정권을 외친 에밀리 와일링 데이비슨이 과거의 일일까요? 그렇지 않아요. 우리나라는 2019년까지만 해도 만 19세 이상 국민에게만 투표권이 있었습니다. 보통 고등학교를 만 18세까지 다니니, 고등학교를 졸업할 나이가 되어야 투표할 수 있었던 거죠. 하지만 이제 선거법을 개정해서 만 18세도 투표를 할 수 있게 되었습니다.

　그런데 선거 연령을 만 18세로 낮추는 과정에는 반대하는 의견과 분쟁도 꽤나 많았답니다. 만 18세 청소년도 선거를 할 수 있는 권리를 획득하는 과정에 어떤 의견들이 많았는지, 또 어떤 의견을 토대로 선거 연령이 낮아진 것인지를 살펴보는 것은 여러분의 인권에 대한 의식을 높이는 데도 도움이 될 것입니다.

　어떤 이들은 만 19세 이상 국민에게만 투표권이 있는 것이 마땅하다고 생각할 수도 있을 거예요. 하지만 1948년 건국할 때 우리나라는 만 21세 이상 국민에게만 투표권을 부여했어요. 그러던 것이 1960년에 20세로, 다시 2005년에 19세로 낮춰졌고, 2020년 만 18세로 낮춰졌지요. 그러니까 우리는 만 19세 참정권을 당연하게 생각했지만 불과 10여 년 전만 해도 투표권은 만 20세 이상인 국민에게만 있었던 것이지요. 그 사이 변화를 거친 것이고요. 그런데도 아직 많은 사람들이 만 19세 이상 국민에게만 투표권이 있는 것을 마치 진리인 양 생각하고, 청소년에게 참정권을 보장하라는 말을 터무니없는 소리로 치부하고는 해요.

여러분은 어떻게 생각하나요? 아직 만 19세가 되지 않은 청소년들의 참정권을 인정하는 것이 섣부르다고 생각하나요? 그들은 너무 어리니 투표소에 들어가면 안 될까요?

흔히들 참정권을 정치적인 문제로 치부하는데요. 사실 참정권은 정치적인 문제보다는 인권 문제에 가깝답니다. 대한민국 헌법 제24조는 "모든 국민은 법률이 정하는 바에 의하여 선거권을 가진다."고 선언해요. 선거권은 인간이라면 기본적으로 가져야 하는 권리라는 뜻이에요. 하지만 자신이 지지하는 후보를 선택하거나, 국민 투표와 같이 국가의 중요한 결정에 대한 찬성 또는 반대를 하기 위해서는 일정한 판단 능력이 필요하겠죠. 때문에 어쩔 수 없이 너무 나이가 어린 사람들에게는 투표권을 제한하는 것이랍니다.

선거는 내가 살아가는 공동체의 대표자를 뽑는 일이에요. 만약 여러분이 학교에 다닌다면 반장 선거를 해봤을 거예요. 한 학기, 길게는 한 학년 동안 우리 반을 이끌 반장을 우리 손으로 뽑는 거죠. 그런데 만약 선생님이 투표도 없이 자신이 좋아하는 학생을 반장으로 뽑아 버리면 어떻게 될까요? 그리고 그 학생이 선생님의 지지를 얻고 우리 반을 마음대로 운영한다면? 자신이 싫어하는 친구들에게 마음대로 청소를 시키고 수업 시간에 떠들지도 않았는데 떠들었다며 선생님에게 이른다면? 여러분의 학교생활은 너무나 힘들어질 거예요.

인권이라는 것은 거창한 이야기가 아니에요. 반장이 자기 마음대로 학급을 운영하면 여러분의 인권이 침해되는 거예요. 학교에서 다른 학생들과 동일하게 평등하고 평화롭게 생활할 권리, 그것도 인권입니다. 우리나라의 대표자, 우리의 대표자인 대통령과 국회의원, 시도의원, 교육감 등을 선출하는 선거도 반장을 뽑는 선거와 마찬가지예요. 여성이 투표할 수 없다면 여성의 인권이 침해된 것이랍니다. 충분한 판단 능력이 있는데도 단지 어리다는 이유만으로 투표권이 없다면 청소년의 인권이 침해된 것이고요.

청소년은 의무가 없으니
권리도 없다고요?

'국민으로서의 의무'는 청소년 투표권을 논할 때면 빠지지 않고 나오는 이야기 중 하나예요. 청소년은 국민으로서의 의무가 면제되기 때문에 국민의 권리인 투표권을 행사할 수 없다는 논리죠. 이처럼 권리엔 책임이 따른다는 것은 일견 타당한 주장이에요. 하지만 청소년은 국민으로서 의무를 다하지 않아서 투표권도 줄 수 없다는 주장은 잘못된 주장입니다. 의무를 이행하지 않으면 그에 따른 벌칙을 부과해야지 그것과 상관없는 권리를 박탈할 수는 없기 때문이에요. 게다가 청소년이 의무를 다하지 않는다는 전제도 타당하지 않아요.

대표적인 국민의 의무로는 납세, 국방, 교육의 의무가 있어요. 청소년도 15세 이상이 되면 합법적으로 일하고 돈을 벌 수 있어요. 당연히 돈을 벌면 그에 따른 세금도 내지요. 청소년이라고 납세의 의무가 면제되는 것은 아니에요.

대한민국 헌법 제39조 제1항은 "모든 국민은 법률이 정하는 바에 의하여 국방의 의무를 진다"고 국방의 의무를 규정해요. 군대에 가는 것은 국방의 의무 중 한 부분인 병역의 의무예요. 군대에 가는 것만이 아니라 군대가 잘 운영될 수 있도록 국민으로서 자신의 위치에서 노력하는 모든 것이 국방의 의무입니다. 그렇다면 청소년이 국방의 의무를 다하지 않는다고 할 수는 없겠네요. 이것은 징병 대상이 아닌 여성이나 군 면제자의 경우도 마찬가지예요.

다음으로 교육의 의무를 살펴볼게요. 우리는 중학교 과정까지 의무교육으로 규정해요. 그러니 중학교 과정을 마쳤다면 최소한의 교육 의무는 다한 거예요. 물론 아직 초등학교나 중학교에 다니고 있다면 교육의 의무를 이행하는 중이고요. 그러니 청소년이 의무를 면제받아서 권리인 투표권도 인정할 수 없다는 주장은 사실 관계가 잘못된 것입니다.

'아동'과 '청소년'은 생물학적으로 특정 연령대에 있는 사람들을 지칭하는 용어예요. '아동'은 보통 유치원에 다니는 나이부터 사춘기 전까지를 뜻하고 청소년은 사춘기 시기부터 20세 전후까지 연령대를 뜻합니다. 비슷한 용어로 청년, 장년, 노년 등이 있어요. 그런데 아동이나 청소년에는 이 용어들과 다른 특성이 있어요. 생물학적인 의미 말고도 권력적인 의미가 작용한다는 것이에요.

정확한 구분은 없지만 일반적으로 청년은 20~30대, 장년은 40~50대 그리고 노년은 60대 이상을 뜻합니다. 이때 청년과 장년 사이 그리고 장년과 노년 사이 또는 청년과 노년 사이에는 어떠한 권력적인 차별도 찾아볼 수 없어요. 물론 유교적인 전통이 강한 우리나라에서는 젊은이가 연장자에게 예의를 갖춰야 한다는 문화가 있지만 이것을 권력적인 차이로 보기는 어렵지요.

반면 청소년과 그 이상의 연령대 즉 청년, 장년, 노년과는 권력적인 차이가 분명히 있어요. 청소년과 청년의 경계인 만 20세 전후로 수많은 사회적인 능력에서 차이가 만들어져요. 예를 들면 민법은 미성년자를 만 19세 미만인 자로 규정해서 혼자서는 법률 행위를 할 수 없도록 하고 있어요. 만 18세가 되기 전에는 마음대로 결혼할 수도 없답니다. 이처럼 국민으로서 권리 능력을 규정하는 법률들이 (명확하게 청소년이라고 지칭하지는 않지만) 채용한 연령 기준에 따라 사회적으로도 청소년과 성인이 구분되는 것이에요.

권리,
그 자격의 조건

이제 청소년과 그 이상 연령대 사이에 권력적인 차별이 있다는 말이 어떤 의미인지 좀 더 이해하게 되었나요? 우리 사회는 법률을 통해 사회 질서를 규정해요. 그리고 법률은 사회 구성원, 즉 국민으로서 온전한 권한과 의무를 지닌 이들과 그렇지 않은 이들을 구분하지요. 그 결과, 청소년에게는 제한된 권한과 의무를, 성인에게는 온전한 권한과 의무를 부여하는 것이지요. 이처럼 연령을 기준으로 권한과 의무의 정도를 나누는 건 어찌 보면 당연한 일이에요. 아직 말도 제대로 하지 못하는 영유아에게 선거권을 줄 수는 없으니까요.

선거는 국민의 대표자를 뽑는 것이에요. 국민의 대표자는 유권자들이 단순히 투표만 해서 뽑는 것이 아니에요. 서로 소통하고 의견을 모으는 절차 속에서 국민들에게 지지를 얻는 이가 선거를 통해 뽑히는 것이에요. 그런데 아직 말도 못하는 영유아는 사회에서 이루어지는 소통에 참여할 수가 없겠지요. 그렇기에 선거권을 행사하려면 최소한 사회 구성원들과 의사소통은 할 수 있는 연령대가 되어야 할 거예요.

그렇다면 말문이 트일 나이가 되면 선거권을 행사할 수 있을까요? 그렇지도 않아요. 어린아이들은 육체만이 아니라 정서적으로도 상당히 부모에게 종속됩니다. 아이들이 부모에 종속되는 것은 성장의 자연스러운 과정이랍니다. 그런데 만약 부모에게 정서적으로 종속된 아이들에게 선거권이 부여된다면 그것은 그들의 주관적인 선택이 아닌 부모에 의한 선택일 가능성이 커요. 그렇다면 선거권을 행사하려면 최소한 말문은 트이고 부모에게서 정서적으로 독립할 수 있는 나이대는 되어야 한다는 결론에 도달하지요. 여기에 민주 시민으로서 토론 과정에 참여할 만한 사고 능력이 되어야 한다는 상당히 추상적 조건을 덧붙일 수 있겠네요.

그렇다면 민주 시민으로서 토론의 장에 주체적인 의사로 참여할 수 있는 나이는 도대체 몇 살일까요? 누군가는 이러한 연령이 만 19세라고 주장하기도 해요. 그렇기에 선거 연령이 만 19세로 정해진 것이라면 대환영입니다. 그러나 주장하는 내용을 자세히 살펴보면 반드시 그런 것은 아닌 것 같아요.

앞서 살펴본 바와 같이 우리나라 선거 연령은 1948년 대한민국 정부가 수립될 당시 만 21세로 시작한 후 1960년 1살, 다시 2005년 1살이 낮아졌고 2020년에 1살이 더 낮아져 만 18세가 되었답니다. 선거 연령이 낮아진 지금까지도 만 18세로 낮추어야 한다는 주장과 그럴 수 없다는 주장이 팽팽히 맞서고 있죠. 그런데 선거 연령이 낮아진 과정이나 만 18세로 조정된 지금에도 과연 몇 살이 되어야 민주 시민으로서 정치에 참여할 수 있는지에 대한 진지한 논의는 매우 부족한 것 같아요.

적정 선거 연령을 판단할 때 다른 나라는 어떤지 살펴보는 것도 좋

만 18세 청소년

은 참고가 됩니다. 선거 연령은 나라마다 달라요. 과거의 우리나라처럼 만 20세, 심지어 만 21세인 나라도 있어요. 하지만 이 나라들은 대부분 민주주의가 덜 발달한 권위주의 국가들이죠.

민주주의가 발달한 나라들의 선거권은 대부분 만 18세 이하입니다. 미국, 독일, 영국, 프랑스 등이 그렇죠. 심지어 오스트리아는 만 16세까지 선거권을 부여한답니다. 경제와 정치가 발달한 나라들의 모임인 OECD로 좁혀 보면, 우리나라는 만 18세의 선거 참여가 불가능한 유일한 나라였어요. 그렇다면 우리나라의 선거 연령이 결코 낮다고 할 수는 없겠네요.

이렇게 살펴보아도 청소년의 선거 참여를 끝끝내 반대하는 사람도 있을 거예요. 그렇다면 우리나라가 만 18세에게 부여한 다른 권리 또는 의무가 무엇인지 살펴볼까요?

선거법이 개정되기 전까지 우리나라에서 만 18세 국민은 선거는 할 수 없었지만, 결혼하고 군대에 가고 돈을 받고 일을 하고 세금을 낼 수 있답니다. 거꾸로 말하면 만 18세는 선거만 빼고 거의 모든 것을 할 수 있었어요. 특히 국방의 의무를 다하기 위해 군 복무도 할 수 있는데, 우리 사회의 대표자를 선출하는 선거에는 참여할 수 없다는 것은 앞뒤가 맞지 않네요. 국민으로서 의무는 성인들과 동등한데 권리는 박탈된 것이니까요.

만 19세 미만 청소년들에게 선거권이 없었던 것에 대한 문제를 이제까지 살펴보았어요. 그렇다면 선거권과 인권은 어떤 관계가 있을까요? 선거권이 없다면 인권도 온전히 보장받지 못하는 것일까요?

선거는 국민의 대표자를 선출하는 절차입니다. 선거할 권리는 참정권(參政權)의 아주 큰 부분을 차지하지요. 참정권은 정치에 참여할 권리예요. 국민의 대표자를 선출하고 정치에 참여한다는 것은 우리가 살아가는 사회의 질서를 만드는 행위랍니다. 현대 사회에서 사회 질서는 법이라는 형태로 나타나지요. 이것을 법치 국가라고 해요. 인간의 권리를 규정하고 그것을 보장하는 것 역시 많은 부분을 법에 의존한답니다. 직장에서 부당한 대우를 받지 않을 권리(근로기준법), 취업할 때 차별받지 않을 권리(고용평등법), 장애를 이유로 차별받지 않을 권리(장애인차별금지법) 등이 대표적인 예입니다. 그렇기 때문에 선거권은 단순히 대표자를 선출하는, 정치에 참여하는 권리에서 끝나지 않아요. 자신의 권리를 보장하는 장치인 법을 만드는 절차에 참여할 수 있다는, 더 큰 의미를 가진답니다.

그런데 이러한 선거권을 행사할 수 없다면 선거권을 가진 다른 사람의 손에 나의 권리를 맡기게 되는 거예요. 나의 인권이 다른 사람의 손에 달린 것이죠. 그렇기에 법치주의, 즉 법이 지배하는 현대 사회에서 선거권은 인권이 적극적으로 보장되는 영역을 뜻하기도 합니다.

현대 정치 체제를 대의제라고 해요. 대의제는 주권자인 국민이 국가 의사·정책 등을 직접 결정하는 것이 아니라, 국민을 대신할 대표자를 선출해 국가 의사·정책 등을 결정하게 하는 제도예요. 하지만 대의제라고 해도 국민이 직접 정치에 참여할 권리가 배제되는 것은 아니에요. 그리고 우리나라의 역사 곳곳에서 청소년들은 거리로 나와 직접 정치에 참여해 왔고요. 그럼에도 만 19세 미만 청소년들의 선거권이 배제된다면 청소년의 인권이 온전히 보장된 사회라고 할 수 없을 거예요. 이것이 선거권의 연령이 만 18세로 낮아진 이유랍니다.

세상에는
다양한 권리들이 함께
공존하고 있다

이따금 공원에 가면 맑은 하늘 아래 사람들이 벤치에 누워 음악을 듣거나 책을 읽는 모습을 자주 볼 수 있어요. 한없이 여유롭고 평화로운 풍경이지요. 하지만 언제부터인가 벤치에 앉아 책을 읽는 것은 가능해도 눕기는 어려운 공원이 많아졌어요.

서울 중구 순화동에는 순화문화공원이 있어요. 가로로 길게 늘어선 정자에 맞춰 나무로 만든 긴 벤치가 이색적인 공원이에요. 그런데 어느 날 공원 벤치에는 일정한 간격으로 철재 팔걸이가 설치되었어요. 이러한 모습은 순화문화공원만이 아니에요. 전국 곳곳에서 적지 않은 공원 벤치에 팔걸이가 만들어졌어요. 그런데 이러한 벤치들은 특이한 공통점들이 있었어요. 벤치 양 끝에는 팔걸이가 없다는 거예요. 의자의 팔걸이는 앉았을 때 팔을 편히 걸치기 위한 것인데, 설마 양쪽 끝에 앉는 사람은 팔걸이가 필요 없고 가운데 앉는 사람에게만 팔걸이가 필요한 걸까요? 그 이유는 팔걸이가 팔을 걸치기 위해서가 아니라 사람들이 눕는 걸 막기 위해서 설치된 것이기 때문이에요. 사람이 눕지 못하게 하기 위한 것이니 양 끝자리에는 팔걸이가 있을 필요가 없는 것이지요.

그런데 왜 공원 벤치에 눕지 못하게 한 것일까요? 공원 벤치에 눕는 것이 나빠서일까요? 꼭 그렇다고 생각되지는 않아요. 그리고 벤치 팔걸이는 모든 사람이 눕는 것을 막으려고 만든 건 아니었던 것 같아요. 특정한 사람들, 노숙인들이 눕는 것을 막기 위한 장치였답니다. 잘 곳이 없는 노숙인들이 공원에 모여들었고, 이들이 벤치에 누워 자기 시작하자 벤치 가운데 팔걸이를 단 거예요. 실제로 가운데 팔걸이

가 달린 벤치를 판매하는 쇼핑몰에서는 제품 이름을 '노숙방지평벤치(팔걸이)'라고 했답니다.

나무와 잔디가 어우러져 있는 아름다운 공원의 벤치, 그곳에 노숙인이 누워 있다면 어떻겠어요? 지저분할 수도 있고, 냄새가 날 수도 있어요. 머리를 오랫동안 못 감아서 떡져 있을 수도 있어요. 여러분은 인상을 찌푸릴지도 모르겠네요. 쾌적한 공원에서 한가로운 오후를 보낼 생각이었다면 장소를 바꿔야 할지도 몰라요. 노숙인들이 여러분의 휴식을 망치고 있는 것이 분명하네요. 그렇다면 노숙인들을 내쫓아야 할까요?

국어사전을 찾아보면 공원을 "국가나 지방 공공 단체가 공중의 보건·휴양·놀이 따위를 위하여 마련한 정원, 유원지, 동산 등의 사회 시설"이라고 설명해 놓았어요. 공원의 기능 중 휴양도 있군요. 그렇다면 공원에 와서 편히 쉰다면 공원의 목적에 맞게 이용하는 것입니다. 집이 없는 노숙인이 공원에 가서 잠을 청한다면, 그것도 휴양이라는 공원의 목적에 적합하게 이용하는 것이 아닐까요? 더 나아가 노숙인도 공원에서 누워 잘 권리가 있지 않을까요?

3~4명이 앉아야 하는 벤치를 혼자 사용하는 것이니 벤치에 눕는 것을 막아야 한다는 사람도 있을 거예요. 그렇지만 공원 벤치 자리가 모자라면 그때 "자리가 없는데 일어나서 앉아 주시겠습니까?"라고 요청하면 되지 않을까요? 자리가 모자라니 눕지 말고 앉아 달라고 요청까지 했는데도 계속 누워 있다면 그때는 필요한 조치를 해야겠지요.

그렇지만 이러한 일을 막겠다며 처음부터 벤치 가운데 팔걸이를 다는 것은 벤치에 누울 권리를 아예 박탈하는 것이 된답니다. 벤치에 눕고 싶은 다른 사람들은 억울할 수도 있겠네요. 문제가 될 때 자리를 비켜 줘도 되는데, 처음부터 아예 자리를 없애 버린 것이니까요. 이것은 권리를 제한하는 정도가 아니라 아예 박탈하는 것이에요.

우리 사회는
다양한 권리 충돌의 현장이기도 해요

노숙인들은 정기적으로 급식차를 기다렸다가 식사를 받아 공원 곳곳에 앉아 밥을 먹기도 하고, 벤치에 누워 잠을 청하기도 한답니다. 공원 화장실에서 몸을 씻고 무리 지어 생활하기도 해요.

공원에서 편안하게 휴식하고 싶은 이들에게 이처럼 공원에서 숙식을 해결하는 노숙인들은 방해꾼일 거예요. 그렇지만 공원에서 노숙인을 쫓아낸다면 그들은 잠자리를 빼앗기게 됩니다. 공원에서 편안히 휴식을 취할 권리와 공원에서 먹고 잘 권리, 언뜻 동시에 같은 장소에 함께할 수 없어 보이는 권리가 서로 충돌하는 것처럼 보이네요. 실제로 공원 벤치에 누워 있는 노숙인 문제가 법원까지 간 사례도 있어요.

한 노숙인이 공원 벤치에 누워 있었어요. 주변에는 술병도 여러 개 보였죠. 순찰을 돌던 경찰관은 그에게 다가가 공원에서 나가라고 요구했어요. 반면 노숙인은 나가지 않겠다며 완강히 거부했죠. 주변에 있는 술병도 자신이 마신 것이 아니라고 했어요. 실랑이를 주고받는 과정에 노숙인이 경찰을 밀쳐 넘어뜨리고 말았어요. 경찰은 정당한 순찰 활동을 방해받았다며 공무 집행 방해 혐의로 노숙인을 체포했어요. 그런데 법원은 경찰과 전혀 다른 판단을 내렸어요. "노숙인도 국민의 한 사람으로서 공원을 이용할 권리가 있다"면서 "노숙인을 공원 밖으로 나가라고 요구한 경찰관의 행위는 정당한 공무 집행이라고 할 수 없다"는 것이었지요. 노숙인도 공원을 이용할 권리가 있는데 나가라고 했으니 경찰관의 행동이 잘못되었다는 거예요.

이렇듯 사람들이 공원을 이용하는 문제 하나에도 저마다 다양한 권리들이 부딪힌답니다. 인간의 권리 중에는 생명권과 같이 사람이 존재하기 위해 반드시 보장되어야 하는 중요한 권리도 있고, 공원을 한가롭게 거닐 권리처럼 비교적 가벼운 권리도 있어요. 그리고 같은 권리인데 보는 시각에 따라 성격이 다를 수도 있답니다.

다시 노숙인이 벤치에 누워 있는 장면을 생각해 볼까요. 공원의 벤치는 공공 자원이에요. 그렇다면 벤치를 사용하는 것은 공공재의 이용, 즉 공동체와 관련된 권리겠지요. 반대로 벤치를 사용하는 사람, 특히 노숙인의 관점에서 살펴보면 벤치에 앉거나 누울 권리가 되겠네요. 이것은 공동체가 아닌 개인의 권리죠. 벤치와 관련된 권리가 한쪽에서는 공동체의 권리, 다른 쪽에서는 개인의 권리가 될 수도 있네요.

지금 "노숙인이 공원에서 편히 쉴 권리도 있구나!"라며 무릎을 탁!

치시는 분들도 많을 거예요. 우리는 흔히 인간의 권리라고 하면 생명권, 명예권, 노동권처럼 조금은 무겁고 널리 알려진 권리만 떠올립니다. 하지만 인간의 권리는 공원에서 편히 쉴 권리처럼 조금 더 존중받는 삶을 위해 필요한 권리도 있답니다.

이렇듯 인간에게는 다양한 권리들이 있고, 때로는 권리들이 충돌하기도 해요. 노숙인이 없는 공원을 즐기고 싶은 사람과 공원에서 편히 쉬고 싶은 노숙인의 권리가 충돌한다면 어떻게 해결해야 할까요? 물론 생명권처럼 그것을 포기하는 순간, 인간으로서의 존재가 무너지는 권리는 양보의 대상이 될 수 없을 거예요. 하지만 그렇지 않다면 서로 조금씩 양보하는 방식으로 해결할 수밖에 없답니다.

사실 공원에 노숙인이 있어도 크게 불편한 부분은 없을 거예요. 물론 지나치게 많은 노숙인이 몰려와 공원이 노숙인 쉼터가 된다면 문제겠지만요. 몇몇 노숙인들이 편한 쉼터를 제공한다는 공원의 목적에 맞게 공원을 이용한다면 다른 시민들도 크게 불편할 일은 발생하지 않을 테니까요. 그래도 불편하다면 그것은 그저 우리와 조금은 다른 사람과 함께한다는 낯섦에 따른 불편일 뿐이에요. 다른 시민들의 권리가 침해되는 부분이 크지 않은 것이지요.

반면 노숙인을 공원에서 쫓아낸다면 공원에서 편히 쉴 수 있는 노숙인의 권리는 근본적으로 침해받게 된답니다. 더욱이 노숙인은 편히 쉴 집이 없는 사람들이에요. 그들에게 공원 벤치는 잠시나마 몸을 누여 쉴 수 있는 유일한 공간이랍니다. 그렇다면 공원 벤치의 가운데에 설치된 팔걸이는 노숙인이 잠시나마 편히 몸을 누일 권리를 빼앗는 것이 될 거예요.

만약 노숙인들이 전부 공원 벤치에 누워 버려서 다른 사람들이 사용할 수조차 없다면 그때는 노숙인이 벤치에 눕는 것을 적절히 통제해야 할 거예요. 공원 벤치의 1차적 목적은 앉아서 쉬는 것이니까요. 앞서 경찰에게 잡혀간 노숙인처럼 공원에서 술을 마시는 것을 못하게 해야 하는 것 아니냐고 생각할 수도 있어요. 맞아요. 공공장소인 공원에서 술을 마시면 안 되지요. 하지만 그 노숙인이 술을 마시고 있던 것은 아니었어요. 단지 주변에 술병이 있었고, 그가 마셨다고 생각했을 뿐이죠. 만일 술에 취해 난동을 부리는 등 공원을 이용하는 다른 사람들의 안전이 위험해질 우려가 있다면 그때는 당연히 공원에서 나가도록 할 수 있지요.

이처럼 인간에게는 다양한 권리들이 있어요. 하지만 우리가 누릴 수 있는 자원은 한정되어 있어서 권리들 간에 서로 양보해야 하는 상황들이 생기죠. 공원이 엄청나게 많다면 또는 엄청나게 크다면 노숙인들에게 일부분을 내어 주어도 상관없을 거예요. 하지만 그렇지 못하다 보니 노숙인과 다른 사람들이 같이 사용할 수 있는 방법을 찾아야 한답니다.

권리의 밑바탕에는
'인간의 존엄성'이 있어요

여기서 자연스럽게 인간의 존엄성을 이야기할 수 있어요. 흔히 '의식주'를 인간 생활의 꼭 필요한 3대 요소라고 해요. 최소한 의식주가 해결되어야 인간다운 삶을 살 수 있다는 뜻이에요. '의(衣)'는 옷을, '식(食)'은 밥을, '주(住)'는 집을 뜻하는 한자예요. 의식주가 인간 생활의 3대 요소라는 것은 입을 옷이 없고 먹을 밥이 없다면, 그리고 살 집이 없다면 인간답게 살아갈 수 없음을 뜻한답니다. 그렇기에 의식주는 인간에게 반드시 보장되어야 할 필수 권리입니다.

한 걸음 더 들어가 볼까요? 비가 새는 좁은 집에서 아무 옷이나 입고, 허기만 간신히 채울 음식을 먹는다고 해도 어쨌든 의식주는 보장된 것이겠지요? 하지만 인간다운 삶까지 보장되었다고 할 수 있을까요? 그렇지는 않을 거예요. 최소한 안전하고 어느 정도는 안락한 집에서(주거권) 건강을 유지할 음식을 섭취할 수(건강권) 있어야 인간다운 삶을 산다고 할 수 있답니다.

더 나아가, 인간의 존엄성은 "인간은 그 자체로, 즉 인간이라는 이유만으로 존재의 가치가 있다"는 것을 뜻해요. 존재하기 위해서는 의식주가 필요하지만 가치 있게 존재하기 위해서는 의식주만으로 충분하지는 않아요. 더 양질의 의식주도 필요하지만 더욱 중요한 것은 사람들 간의 관계예요. 그렇기 때문에 인간의 존엄성은 더욱 확장되어야 한답니다. 다른 사람이 나를 가치 있게 대해 주지 않는다면 나의 존엄성이 침해받게 될 테니까요. 그래서 명예권, 참정권, 저항권 같은 사회적인 권리들도 보장되어야 해요.

좀 더 본질적인 부분을 살펴보면, 인간이 존엄하기 위해서는 존재, 즉 살아 있어야 하겠지요. 하지만 때로는 어떻게 죽느냐가 존엄성의 문제가 되기도 한답니다. 정확히 이야기하면 '어떻게 죽느냐'도 '어떻게 사느냐'의 문제기도 해요. 치료가 불가능한 병에 걸려 하루하루 고통 속에 살아가는 사람에게는 사는 것 자체가 자신의 존엄성을 침해하는 것일 수 있답니다. 그렇다면 그에게는 병마의 고통에 시달리는 삶을 끝내는 것이 오히려 존엄성을 지키는 방법일지 모릅니다. 때문에 많은 나라에서 불치병 환자들이 의료진의 도움을 받아 스스로 생을 마감하는 안락사를 도입하고 있어요. 우리나라 역시 안락사의 도입이 적극적으로 논의되고 있답니다.

결국 인간의 존엄성은 생명권 같이 절대적으로 중요한 문제부터 공원 벤치에 누울 권리 같이 어찌 보면 사소해 보이는 권리까지 매우 너른 영역의 권리 문제랍니다. 심지어 어떻게 죽을지에 대한 문제까지도요. 그리고 인간이 인간답게 살 수 있기 위해서는, 다시 말해 인간의 존엄성이 보장되기 위해서는 인간이 가진 권리가 보장되어야 하는 것이죠.

인권을 보장받을 수 없다면

어떤 일이 생길까?

2018년과 2019년 대한민국 최대의 화두 중 하나로 '미투(me too)'를 꼽을 수 있습니다. "나도"라는 뜻의 영어인 미투는 성폭행 피해자들, 특히 여성 피해자들이 그들의 피해 사실을 공개하면서 시작된 하나의 사회 운동입니다. 자신의 성폭력 피해를 밝히고 동시에 가해자를 고발하는 방식, 즉 "나도 같은 경험을 했다"는 의미의 미투는 이미 피해 사실을 밝힌 피해자들에게는 지지를, 아직 피해 사실을 밝히지 못한 피해자들에게는 용기를 주었지요.

처음에는 "나도 같은 경험을 했다"라며 서로를 위로해 주던 미투 운동이 점차 '위드유(with you) 운동'으로 이어졌어요. 미투 운동은 피해자들이 서로가 서로에게 위로와 용기를 주었다면 위드유 운동은 피

해자가 아니더라도 피해자들과 함께하겠다는 뜻을 담았어요. 피해자
라는 특정 집단에서 사회 전체의 운동으로 확대된 것이죠. 이후 미투
운동은 위드유를 포함한 확대 개념으로 쓰이기 시작했죠.

미투 운동은 문학계, 연극계, 학계, 정계, 법조계 등 영역을 가리지
않고 이어졌어요. 그중 특히 주목을 받았던 영역 중 하나가 '스쿨미
투(school me too)'예요. 스쿨미투는 단어 그대로 학교에서의 성폭력
을 고발하는 미투 운동이에요. 주로 남성 교사가 여성 학생에게 성희
롱, 성추행 등 성폭력을 행사한 사건이 고발 대상이었죠. 스쿨미투는
2018년 4월 6일 서울에 있는 한 여자고등학교의 학생들이 창문에 포
스트잇으로 '#METOO', '#WITH YOU'를 써서 이어 붙이면서 본

격적으로 시작되었어요. 이 사건은 '창문미투'라고 불리면서 우리 사회에 큰 파장을 불러일으켰죠.

사실 창문미투 사건은 사전에 해결될 수 있는 문제였어요. 한 달 앞선 2018년 3월에 이 학교 졸업생 10여 명이 '○○여고 성폭력 뿌리뽑기 위원회'를 구성하고 재학 시절 현직 교사에게 상습적인 성희롱·성추행을 당했다는 졸업생들의 설문 결과를 청와대 국민청원 게시판에 올린 사건이 있었거든요. 피해자들의 증언에 따르면 일부 남자 교사들이 수업 중 성적 발언을 일삼았고, 여학생들의 엉덩이나 가슴을 툭툭 치거나 입술이나 볼에 입을 맞추었다고 해요. 그럼에도 학교나 교육 당국이 문제 해결에 적극적인 모습을 보이지 않자 재학생들이 창문미투를 벌인 거예요.

그런데 더 충격적인 일은 스쿨미투가 이 학교만의 문제가 아니었다는 거예요. 창문미투를 계기로 전국 각지에서 스쿨미투 운동이 일어나기 시작했어요. 특히 인천에서는 12개나 되는 많은 학교에서 스쿨미투 운동이 일어날 정도로 상황이 심각했죠. 인천 스쿨미투는 여성 단체 등 여러 시민 단체들이 학생들을 지원하면서 지역 사회 운동의 모습까지 보였어요. 이러한 인천 지역 스쿨미투 운동의 기록은《우리 목소리는 파도가 되어》라는 책으로 엮어 출판되었죠.

스쿨미투,
관계 속에 묻히기 쉬운 인권을 꺼내다

다양한 영역에서 많은 사람이 미투 운동을 했어요. 하지만 스쿨미투만큼 한 영역에서 많은 사람에 의해 수많은 사건이 터져 나온 사례는 없었어요. 모든 국민 중 8~19세의 사람들은 대부분 학생일 만큼 학생의 수가 많아서 그렇다고 생각할지도 모릅니다. 하지만 스쿨미투는 단지 학생 수가 많아서라고 치부하기 어려울 정도로 폭발적이었어요. 이렇듯 스쿨미투가 뜨거웠던 이유는 그만큼 학교에서 성희롱, 성추행 등 성폭력이 빈번했기 때문이에요.

그렇다면 왜 학교에서 이렇게 성폭력이 반복해서 일어났고, 그동안 밝혀지지 않았던 것일까요? 여러 이유가 있겠지만 학교라는 공간이 지닌 권위적이고 폐쇄적인 측면이 큰 영향을 미쳤을 거예요. 학교에는 행정 직원들도 있지만, 주요 구성원은 선생님과 학생, 즉 사제지간입니다. 지금은 많이 약화되었지만 예전에는 "스승의 그림자도 밟지 않는다"고 할 정도로 선생님에 대한 공경심이 강조되었죠. 하지만 이러한 전통적인 스승과 제자의 관계는 매우 높은 윤리 의식이 전제되었을 경우에는 바람직하지만 그렇지 않은 경우에는 오히려 큰 부작용을 가져오기도 해요.

선생님은 스스로 권위를 가지고 학생을 대하고, 학생은 그러한 선생님을 존경할 때 전통적인 사제 관계는 매우 훌륭한 학교를 만드는 데 좋은 역할을 할 수 있어요. 하지만 만약 선생님은 자신의 권위를 이용해 학생들에게 불합리한 대우를 하고 학생들은 선생님의 권위에 눌려 저항하지 못한다면 스쿨미투처럼 끔찍한 결과로 이어질 수도 있겠지요. 이처럼 학교에서 만들어지고 작동하는 잘못된 권위는 자칫 학생들의 인권을 심각하게 침해할 수도 있어요.

다음으로 학교가 지닌 폐쇄성을 살펴볼까요. 학교는 담장으로 둘러싸인 공간적 폐쇄성도 크지만, 그에 못지않게 관계의 폐쇄성도 강해요. 우리나라는 사제지간의 문제에는 가급적 개입하지 않으려는 모습이 자주 나타나요. 예를 들면 체벌 문제도 스승과 제자 사이의 관계, 교육 방식의 문제로 치부하며 오랫동안 사회적인 잣대로 바라보기를 꺼렸지요. 스승과 제자 사이에는 그들만의 관계가 특수해 외부에서 들여다보는 것이 적절하지 않다는 인식이었어요. 여기에 외부인의 출입이 거의 없다는 공간적인 폐쇄성까지 겹쳐져 학교는 물리적·정신적으로 매우 폐쇄적인 공간이 되었죠.

이처럼 권위적이고 폐쇄적이라는 특수성으로 인해 학교 내 성폭력은 밖으로 노출되지 않았던 거예요. 결국 참다못한 졸업생들이 청와대에 청원하고 나서야 문제가 외부에 알려졌죠. 하지만 자신의 특수성 속에서 오랫동안 안주해 온 학교는 이미 스스로 문제를 해결할 자정 능력을 상실한 상태였어요. 결국 재학생들이 나서서 스쿨미투 운동을 벌여야 했던 거죠.

모든 학교가 그렇다고는 할 수 없겠지만, 최소한 스쿨미투 운동이 일어났고 교육부 등 당국의 조사 결과, 문제 제기가 사실이었다고 밝혀진 학교는 성폭력에 있어서만큼 인권의 사각지대인 거예요. 그리고 이 학교들에 인권의 사각지대가 생긴 큰 이유는 스승과 제자 간에는 '인권'이라는 개념이 개입될 수 없다는 관계의 폐쇄성, 가르침과 공부가 이루어지는 학교는 들여다볼 필요가 없다고 생각한 공간적 폐쇄성 때문이었죠.

오랫동안 성폭력이 발생한 그 학교의 그 장소 또는 그 선생님과 학생들의 관계에서 인권은 보장되지 않았어요. 만약 그곳이 일터였다면 착취당하는 노동자가, 가정이었다면 학대당하는 아동이 그리고 우리 사회 전체였다면 인권을 유린당하는 시민들이 생겨났을 거예요. 이처럼 인권이 보장되지 않는다면 그곳에는 반드시 희생당하는 사람이 나올 수밖에 없답니다. 그리고 이것은 우리가 스스로 인권을 보장해야 하는 이유이기도 합니다.

CHAPTER 02

역사 속에서 인권은
어떤 모습으로
발전해 왔을까?

앞에서 살펴보았듯 지금 우리에게는 너무나 당연한 권리들이 예전, 그것도 불과 수십 년 또는 십수 년 전에는 상상도 못할 일이었답니다. 예를 들어 경찰이나 검찰의 수사 과정에서 고문을 자행하는 것도 아주 오래 전의 일처럼 생각할 수도 있지만, 실제로 조사 중 가혹 행위가 근절된 시기는 2002년 서울지방검찰청에서 고문받던 피의자가 사망하는 사건이 발생한 이후였어요. 학교에서 체벌이 사라진 것도 2010년 이후 각 지자체에서 학생인권조례를 제정하면서부터였고요.

그런데 어쩌면 2002년 서울지방검찰청의 피의자 사망 사건, 2010년 이후 학생인권조례 제정 등을 보면서 피의자나 학생의 인권이 몇몇 특정 사건으로 인해 보장되었다는 오해를 할 수도 있을 것 같아요. 하지만 인권은 결코 한 사건에 의해 하루아침에 얻어지는 것이 아닙니다. 국가 권력에 의한 부당한 수사, 고문에 희생당하고, 저항했던 수많은 사람이 있었기에 고문은 근절될 수 있었어요. 학교에서 일어난 불합리한 일들에 대해 끊임없이 문제를 제기하고 개선하려고 노력한 수많은 사람이 있었기 때문에 학생인권조례가 제정될 수 있었고요.

이처럼 지금 우리가 당연하게 여기는 권리 이면에는 오랜 시간 동안 그것을 얻어 내기 위해 노력하고 희생했던 많은 시간과 사람들이 있답니다. 그렇기에 인권을 더욱 깊이 이해하려면 반드시 그것이 만들어진 역사를 살펴보아야 해요. 인권의 역사를 알아야만 앞으로 인권을 더욱 확장해 나가기 위해 우리가 어떠한 일을 해야 할지도 알 수 있거든요. 그런 의미에서 역사 속에서 인권을 찾아보는 것은 아주 큰 의미가 있을 거예요.

역사 속에서 인권은
어떤 모습으로
발전해 왔을까?

국민, 왕의 소유물이 아닌

정치적 주체인 '시민'으로 나아가다

· 영국의 명예 혁명 ·

16~17세기 유럽은 종교 개혁으로 신교(프로테스탄트)와 구교(가톨릭)로 나뉘어 있었어요. 영국의 상황은 조금 달라 성공회가 신교의 역할을 했는데요, 이는 당시 국왕이었던 헨리 8세의 결혼 문제에서 불거집니다. 헨리 8세는 15세기 후반부터 16세기 초반 영국의 국왕이었어요. 그는 잘생긴 외모에 키도 컸고 운동도 잘하는데다가 여성 편력이 매우 강했다고 해요. 왕비를 다섯 번이나 바꾸었답니다. 그리고 그의 첫 번째 왕비와의 이혼은 영국 역사에 아주 큰 영향을 미쳤지요.

헨리 8세의 첫 번째 왕비는 스페인 아라곤 왕국의 공주인 캐서린이었어요. 사실 캐서린은 헨리 8세와의 결혼이 초혼은 아니었어요. 캐서린의 첫 번째 결혼 상대는 헨리 8세의 친형 아서였어요. 하지만 아서가 결혼한 지 3개월 만에 세상을 떠나면서 문제가 생겼죠. 캐서린과 아서의 결혼은 스페인과 영국 간 정략결혼이었기 때문이에요. 결국, 영국과 스페인의 관계를 위해 캐서린은 다시 아서의 동생인 헨리 8세와 결혼해야 했죠.

하지만 헨리 8세는 캐서린에게 마음이 없었던 것 같아요. 게다가 캐서린이 아들을 낳지 못하자 헨리 8세는 이혼을 결심하죠. 그러나 문제가 있었어요. 당시 유럽은 가톨릭이 지배했는데, 가톨릭에서는 이혼이 금지되어 있었어요. 헨리 8세는 캐서린과의 결혼이 형수와 한 결혼으로 성서에 위배된다며 교황에게 혼인 무효를 인정받으려 했어요. 하지만 결국 인정되지 못했지요.

그러자 헨리 8세는 교황청의 승인 없이 자신의 왕권으로 이혼을 선언해 버리고 말아요. 이를 계기로 헨리 8세는 교황과 단절하고 스스로 영국의 종교와 정치의 수장임을 선포해요. 이렇게 오늘날 성공회라 불리는 영국 국교가 탄생하지요. 헨리 8세 이후로 영국의 지배 계층은 대부분 성공회를 믿게 된답니다.

그런데 1685년 가톨릭교도인 제임스 2세가 왕위에 오르면서 다시 문제가 불거지기 시작해요. 그는 가톨릭의 부활을 꾀할 목적으로 신앙의 자유를 선언했답니다. 캔터베리 대주교를 비롯해 7명이나 되는 주교가 반대 청원을 했지만, 왕은 그들을 모두 투옥시켜 버리는 등 폭정으로 나라를 다스렸어요. 왕의 폭정에 성공회는 부글거렸죠. 다행히 제임스 2세에게는 왕자가 없었어요. 그래서 왕위가 장녀 메리에게 계승되리라 예상되었는데 메리는 프로테스탄트였어요. 하지만 1688년 6월 가까스로 왕자가 탄생하죠. 메리가 왕이 되면 성공회가 회복되리라 예상한 프로테스탄트들의 희망은 한순간 수포로 돌아가게 돼요.

상황이 이렇게 되자 의회는 애초 왕위에 오를 것으로 예정되었던 왕의 장녀 메리와 메리의 남편인 네덜란드 총독 윌리엄과 교섭합니다. 그리고 왕을 폐위시킨 뒤 두 사람의 공동 통치 형태를 취해 왕으로 추대한답니다. 의회는 새롭게 왕이 된 메리와 윌리엄에게 1689년 2월 '권리 선언'의 승인을 요구해요.

메리, 윌리엄 부부가 권리 선언을 승인하고, 이 선언을 토대로 1689년 12월 16일 '신민(臣民)의 권리와 자유를 선언하고 왕위 계승을 정하는 법률'이라는 이름의 의회제정법이 공포됩니다. 이것이 곧 권리 장전(Bill of Rights)이에요. 이것을 미국 등 다른 나라의 권리 장전과 구별하여 영국 권리 장전(English Bill of Rights)이라고도 해요. 권리 장전은 왕의 백성이 아닌 시민의 권리를 선언한 문서를 말합니다.

ㄴ1689년 영국 권리 장전 문서

ㄴ 메리 2세와 공동 즉위한 잉글랜드 윌리엄 3세

권리 장전의 주요 내용을 살펴볼까요? 제임스 2세의 불법 행위를 12개 조로 열거하고 의회의 동의 없이 왕권으로 만든 법률이나 그 집행 및 과세의 위법성 확인, 의회의 동의 없이 평화 시에 상비군 징집 및 유지의 금지, 국민의 자유로운 청원권의 보장, 의원 선거의 자유 보장, 의회에서 언론 자유의 보장, 지나친 보석금이나 벌금 및 형벌의 금지 등이 있었어요.

이로써 의회는 절대 왕권을 종식하고 본격적으로 의회 중심주의를 만들게 되었죠. 이후 권리 장전은 영국의 식민지였던 미국이 대내외적으로 독립을 선언하며 동시에 시민의 권리를 선언한 미국의 독립 선언(1776년)과, 독립 선언 후 연이은 미국의 각 주 의회의 시민 권리 선언 등에 영향을 미쳤어요. 그 후 프랑스 시민들이 왕권에서 벗어나 온전한 주체로서의 시민임을 선포한 프랑스 인권 선언에까지 큰 영향을 끼친답니다. 이렇게 영국 의회가 의회 중심주의 국가를 만든 일련의 과정이 피 한 방울 흘리지 않고 절대 왕권을 물리친 혁명을 이루어 냈다고 해서 명예 혁명이라고 한답니다.

왕권 아래에서 국민은 하나의 인격체가 아니었어요. 왕과 백성이라는 명확한 신분제에서 국민은 정치적 주체인 시민이 아니라 왕에게 속한 노예나 다름없었죠. 왕의 소유물이나 다름없던 백성에게 인권은 기대할 수조차 없는 권리였어요. 인권을 얻기 위해서는 우선 왕의 지배에서 벗어나야 했어요. 명예 혁명은 왕권을 약화하고 국가를 의회 중심으로 운영되도록 함으로써 국민이 백성에서 시민으로 나아갈 수 있는 발판을 만들었어요. 그렇기 때문에 영국의 명예 혁명 그리고 권리 장전을 인권의 역사로 기록하는 것이랍니다.

'시민의 권리'는

마땅히 이래야 한다

• 프랑스 혁명 인권 선언문 이야기 •

프랑스 혁명이 일어날 당시인 1789년, 프랑스는 철저한 신분제 사회였어요. 왕을 기점으로 제1신분은 성직자, 제2신분은 귀족 그리고 평민은 제3신분으로 구분되었어요. 제1신분인 성직자의 수는 전체 인구의 0.5%에 불과했지만 전 국토의 6~10%를 소유했죠. 제2신분인 귀족 역시 엄청난 재산을 소유하고 수많은 특권을 누렸죠. 반면 전체 인구의 98%에 달했던 제3신분인 평민은 많은 차별을 받아야 했어요. 이것을 '구체제의 모순(앙시앵레짐)'이라고 해요. 당시 앙시앵레짐에 의한 갈등은 극에 달했죠.

또한 당시 프랑스는 재정 적자 문제에도 시달리고 있었어요. 특히 루이 14세가 집권하면서 무모한 전쟁에 참전하고 사치를 즐겨 재정 적자는 더욱 심각해졌답니다. 루이 14세는 상속권을 주장하여 스페인령 네덜란드를 공격하고(1667~1668), 네덜란드가 이에 저항하자 다시 전쟁을 벌였어요(1672~1678). 루이 14세는 여기서 그치지 않고 프랑스의 확장을 억제하기 위해 잉글랜드와 네덜란드, 신성로마제국, 스페인, 사보이아 공국이 동맹을 맺자 이들과 아우크스부르크 동맹 전쟁(War of the League of Augsburg, 1689~1697)을 했어요. 이 전쟁은 무려 9년이나 계속되었죠. 그 후에도 스페인과 왕위 계승 전쟁(1701~1714)을 벌였답니다. 이 전쟁을 통해 루이 14세는 유트레히트 조약(1713)을 맺고 손자인 필립 5세를 스페인 국왕에 앉히는 데 성공했지만 막대한 국력을 소모하고, 아메리카 대륙에서 많은 식민지를 영국에 빼앗기게 되었어요.

루이 14세가 일으킨 수많은 전쟁은 고스란히 프랑스 재정 악화로 이어졌고 루이 15세를 거쳐 루이 16세에 이르러서는 거의 파탄 지경에 이르렀어요. 루이 14세와 15세에 걸친 100년 동안 빌린 돈의 이자를 갚느라 국가 예산의 60%를 써야 할 정도였지요. 그런데 루이 16세는 심각한 재정난에도 미국의 독립 전쟁을 지원했어요. 결국 프랑스는 국가 부도에 직면했지요. 상황이 다급해지자 루이 16세는 그제야 귀족과 성직자에게도 세금을 부과하려고 시도했어요.

하지만 성직자와 귀족들은 이미 국가도 어찌할 수 없을 정도로 권력이 막강했지요. 그들은 왕권을 뒷받침하던 파리 고등법원을 동원해 왕의 개혁안을 거부하도록 만들었어요. 고등법원은 일련의 개혁 정책들을 불법이라고 하면서 새로운 세금을 부과할 권리는 '삼부회'만이 갖고 있다고 판결했어요. 삼부회는 1614년 이래 한 번도 소집된 적이 없는 성직자, 귀족, 평민의 세 신분으로 구성된 프랑스의 신분제 의회예요.

이후 왕과 귀족 간 갈등은 극에 치달았어요. 루이 16세는 성직자와 귀족들에게 세금을 거둬 재정 적자를 메우려는 개혁안을 제3신분인 평민의 지지를 얻어 통과시키려고 했어요. 이처럼 극도로 혼란한 상황에서 1789년 5월 5일, 마침내 베르사유 궁전에서 삼부회의가 열리게 되었습니다.

삼부회의 의원은 총 1,200명으로 성직자와 귀족이 각각 300명, 평민이 600명으로 구성되었어요. 하지만 삼부회의는 시작부터 파행으

∟ 삼부회

로 얼룩졌어요. 성직자와 귀족 의원들은 개별적으로 국왕과 면담을 할 수 있었어요. 하지만, 평민 의원들은 집단으로 소개되는 데 그쳤죠. 평민들은 좌석 배치에서도 차별을 받았어요. 성직자와 귀족이 각각 국왕을 향해 왼쪽과 오른쪽에 배치된 데 반해 평민은 국왕의 반대쪽에 배치되었어요. 상황이 이러니 회의가 제대로 진행될 리도 없었죠. 결정적으로 평민들은 사안을 함께 논의하는 사안별 심사를 주장했지만, 성직자와 귀족 그리고 평민이 별도로 모여 논의하는 부별 심사가 채택되었죠. 그마저 성직자와 귀족은 회의실에서 논의했지만 평민들은 커다란 방에 갇혀 의원 자격을 심사당해야 했어요. 결국, 삼부회의는 제대로 된 회의조차 열지 못하고 한 달 동안 공전만 했죠.

투표 방식을 두고도 갈등이 일어났어요. 제1, 2신분은 종전대로 신분별 투표 방식을 고집했어요. 하지만, 평민 대표들은 신분과는 관계없이 참석한 모든 대표가 각각 1표를 행사하는 개인별 투표 방식을 주장했어요. 개인별 방식이 채택된다면 제3신분이 2대 1로 우세한 입장에 놓여요. 반면, 신분별 방식이 채택되면 귀족과 성직자가 2대 1로 우세해지기 때문이었죠.

선거 기간이 다가오면서 자신들의 주장이 관철될 가망이 없어 보이자 평민 대표들은 따로 모여 국민의회(Assemblée Nationale)를 구성했어요. 귀족과 성직자에게 세금을 거두기 위해 소집한 삼부회의가 평민들의 평등한 권한 요구로 이어지자 루이 16세는 당황했어요. 그리고 제3신분의 회의장을 폐쇄해 버렸지요.

루이 16세의 이러한 처사에 분노한 국민의회는 테니스 코트로 이동했어요. 그곳에서 "헌법이 제정되고, 그 기초가 확립되기 전까지 결코 해산하지 않겠다."는 선언을 하게 됩니다. 이것이 바로 그 유명한 '테니스 코트 서약(1789년 6월 20일)'이에요. 이어 1789년 7월 9일 국민의회는 스스로 제헌의회(Assemblée constituante)임을 선포하지요. 이는 일종의 정치 혁명이었어요. 정치 혁명은 곧 민중들의 반란으로 이어지게 되었답니다.

자칫 왕권이 위태로워지자 루이 16세는 군대를 불러 베르사유 궁전 주변에 집결시켰어요. 그리고 1789년 7월 11일 삼부회의 최고 책임자인 네케르를 파면했어요. 그러자 7월 14일 시민 약 1만 명은 정치

└ 테니스코트 서약

범이 주로 수용된 바스티유 감옥을 습격함으로써 프랑스 대혁명을 일으켰습니다. 바스티유 감옥을 습격한 것은 정치범들을 석방하기 위한 목적도 있었지만, 무기고를 장악해 혁명에 필요한 무기를 얻기 위해서였어요. 이들을 진압하기 위해 군대가 달려왔지만, 시민들의 기세에 눌려 감히 손을 쓰지도 못했죠. 이렇게 베르사유 성은 함락되고 루이 16세는 시민들의 손에 끌려 단두대에 서게 되었어요.

루이 16세를 처단하고 공화정을 세운 국민의회는 1789년 8월 26일 '인간과 시민의 권리 선언'이라는 명칭으로 시민으로서 누려야 할 권리를 선언해요. 이것이 바로 프랑스 인권 선언이에요. 프랑스의 정치가이자 혁명가, 군인이었던 라파예트 등이 기초한 프랑스 인권 선언은 구체제의 모순에 대한 시민 계급의 자유 선언이면서 동시에 헌법 제정을 위한 강령으로서의 성격을 띱니다. 2년 뒤 1791년 프랑스 헌법의 전문으로 채택되고 세계 각국의 헌법과 정치에 커다란 영향을 미쳤답니다.

ㄴ 인간과 시민의 권리 선언

천부 인권을
세상에 알리다

· 미국의 독립 전쟁 ·

미국은 영국의 식민지였어요. 원래 아메리카 대륙은 인디언이라고 불리는 원주민들이 살던 땅이었어요. 하지만 영국과 프랑스, 네덜란드 등 열강들이 아메리카 대륙에 자신의 식민지를 건설했어요. 그리고 영국은 대륙에서 프랑스 등을 몰아내고 미국을 자신의 식민지로 만들었지요.

하지만 인디언과 프랑스를 몰아내는 전쟁을 오래 하면서 영국은 큰 부담을 안게 되었어요. 재정적인 어려움을 해결하고자 영국은 식민지를 수탈했답니다. 영국은 설탕 조례와 인지 조례를 통해 설탕과 출판물에 세금을 매겼어요. 여기서 그치지 않고 타운젠드 조례를 만들어 미국을 더욱 통제해 나갔지요.

타운젠드 조례는 대영제국 의회가 1767년 이후에 통과시킨 영국령 미국 식민지에 관한 일련의 법령을 일컬어요. 여기에는 '세입법', '보상법', 관세위원회법', '부해사재판법', '뉴욕제한법'이 있어요. 타운젠드 조례는 미국으로 수출하는 각종 상품에 세금을 부과해 세수를 늘리고, 이러한 무역 전반을 강력한 법률로 통제할 장치를 도입하는 것이 주요 내용이에요.

미국 시민들은 미국 식민지를 더욱 통제하는 일련의 조치에 강하게 반발했어요. 반면 영국은 미국을 더욱 강하게 통제하려 했고요. 이 과정에서 1768년에 영국군이 보스턴을 점거하는 사태까지 발생하죠. 보스턴 점령은 1770년 '보스턴 학살 사건'으로 이어졌답니다.

보스턴 학살 사건은 1770년 3월 5일 매사추세츠 주의 보스턴 시 부두에서 영국 주둔군의 발포로 시위대 5명이 숨진 사건이에요. 보스턴을 점거하던 영국군들은 미국 시민들에게 상당한 횡포를 부렸다고 해요. 그러던 어느 날 한 가발 장인과 영국군 장교 사이에 외상값을 두고 다툼이 일어났죠. 장인의 제자들이 가세하면서 다툼은 커졌어요. 외상값을 주지 않는 영국군 장교의 태도에 화난 이들은 그들에게 물건들을 던지며 거칠게 항의했죠. 그때 한 영국 군인이 그들에게 총을 쏘고 말았어요. 총을 맞은 시민들은 그 자리에서 쓰러졌어요.

당시는 나날이 심해지는 영국의 수탈로 미국 시민들의 불만이 매우 고조되어 있었어요. 그런 와중에 영국군에 의한 미국 시민의 학살은 불에 기름을 부은 격이었죠. 성난 시민들은 무리를 지어 영국군대로 향했고 대규모 분쟁이 일어났어요. 보스턴 학살 사건 희생자들의 장례식에는 당시 최대 규모의 대중들이 모였다고 해요. 이렇게 촉발된 영국 정부에 대한 저항은 장기간 계속되었어요. 3년 후인 1773년 독

ㄴ 헨리 펠함이 조각하고 폴 리비어가 판화한 보스턴 총격 당시를 그린 그림.

립 전쟁의 방아쇠가 된 '보스턴 차 사건'으로 이어지게 된답니다.

독립의 첫 불꽃이 피어오르다,
'보스턴 차 사건'

1773년 영국 수상이었던 F.노스는 미국 상인들의 차 무역을 금지하고 이것을 동인도회사가 독점하도록 했어요. 밀 무역을 하는 미국 상인들에게 관세를 부과하기 어려웠기 때문이에요. 상인들의 차 거래를 금지시키고 동인도회사에 독점권을 부여하면 관세를 훨씬 수월하게 부과할 수 있고 그만큼 세수도 늘릴 수 있었죠.

하지만 식민지 자치에 대해 지나치게 간섭하는 것이 불만이었던 보스턴 시민들은 차 무역 금지에 격분했어요. 이들은 인디언으로 분장하고 항구에 정박 중이던 동인도회사의 선박 2척을 습격했어요. 차 상자 342개를 깨뜨리고 모조리 바다로 던져 버렸어요. 그러나 영국은 오히려 식민지를 더욱 탄압하고 보스턴항에 군대를 주둔시켜 손해배상을 요구했어요. 보스턴 시민들은 이 요구를 거절하고 더욱 거세게 대항했죠. 여기에 매사추세츠 의회 하원도 동조하면서 '혁명 정부'를 구축하기 시작했어요.

보스턴 차 사건이 있고 나서 2년 후인 1775년에 매사추세츠 렉싱턴에서 영국군과 미국 민병대 간 첫 무력 충돌이 일어나면서 미국의

└ 보스턴 차 사건을 그린 석판화

독립 전쟁이 시작되었어요. 식민지 미국의 민병대가 늘어나는 것을 우려한 영국은 무기를 회수하고 그들을 해산시키려 했어요. 식민지 미국을 관리하던 총독은 1775년 4월 16일부터 기마 정찰대 50여 명을 교외로 파견했어요. 그리고 민병대 지도자인 존 핸콕과 새뮤얼 애덤스의 소재를 공공연히 탐문하도록 했어요. 지도자를 체포하려는 척하면서 실은 민병대의 무기고를 습격하려는 기만 작전이었죠. 하지만 민병대는 런던의 정보원을 통해 이 계획을 이미 알아채고 보스턴 북서쪽 교외 콩코드에 있던 군수 물자를 미리 다른 곳으로 옮겨 버렸죠.

이 사실을 모르던 총독은 프랜시스 스미스 중령에게 700여 명의 병력을 주었어요. 그러고는 4월 18일 저녁 9시, 군수 물자가 모여 있다고 알려진 콩코드에 진격해 무기를 모두 태워 버리라고 명령했지요. 4월 19일 일출 무렵 렉싱턴에 도착한 영국군은 마을 광장에 모인 민병대 70여 명을 무장 해제시키려 했죠. 영국군이 "무기를 버리고 해산하라"고 경고하는 사이 갑자기 한 발의 총성이 울렸어요. 대치하던 영국군과 민병대는 서로 반사적으로 사격을 가했어요. 민병대 8명이 전사하고 10명이 부상을 당했어요. 영국군은 한 명만 부상을 입었죠. 이 렉싱턴 민병대 8명은 미국 독립 전쟁의 첫 번째 순국자가 되었어요. 누가 첫발을 쏘았는지에 대해서, 영국군은 민병대가 광장이 내려다보이는 주점 2층에서 발사했다고 주장하는 반면 민병대는 말을 탄 영국 군사가 발포했다고 주장했어요.

이 사건을 계기로 미국 식민지의 여론은 들끓기 시작하죠. 영국에 우호적이던 버지니아조차 여론이 독립 쪽으로 기울어졌어요. 미국 독립 혁명의 지도자인 패트릭 헨리는 의회에 출석해 "자유가 아니면 죽음을 달라"는 명연설을 남겼지요.

렉싱턴에서 무력 충돌이 있은 후 식민지 대표들은 필라델

ㄴ 패트릭 헨리

피아에 모여 영국과의 전쟁을 결의합니다. 조지 워싱턴을 총사령관으로 하는 연합군을 조직하기로 해요. 본격적인 독립 전쟁이 시작된 거예요. 그 후 1년이 지난 1776년 7월 4일, 식민지 대표들은 다시 필라델피아에 모인답니다. 그 자리에서 식민지 대표들은 토머스 제퍼슨이 기초한 독립 선언서를 만장일치로 채택하고 미국의 독립을 선포했습니다.

미국의 독립 전쟁은 무려 8년이나 지속되었어요. 처음에는 미국 시민들에게 매우 불리한 양상으로 전개되었지요. 하지만 프랑스가 개입하면서 전세가 바뀌었답니다. 전쟁이 장기전이 되면서 영국과 미국 모두 지치게 됩니다. 영국은 미국 내에서만 어려움을 겪는 것이 아니었어요. 유럽에서 미국 독립 전쟁에 참여한 프랑스뿐만 아니라 스페인과 네덜란드도 영국에 반기를 들고 나섰죠. 그러자 영국 내에서도 반전(反戰) 여론이 들끓게 되었어요. 결국, 영국의 왕 조지 3세는 협상 테이블에 나와야 했지요.

참전국 대표들은 파리에 모여 전쟁을 끝내고 평화 체제를 만들기 위한 강화 회의를 시작했어요. 그리고 1783년 9월 3일, 강화 조약이 체결되었지요. 이를 통해 미국은 독립 전쟁에서 승리하고 대서양에서 미시시피 강에 이르는 광대한 영토를 가진 독립국으로 탄생했답니다. 영국이 협상으로 얻은 것은 고작 영국 상인들이 미시시피 강을 이용할 수 있다는 것과 전쟁 중에 미국이 몰수한 왕당파 재산을 되돌려 받는 것뿐이었어요.

이렇듯 미국 독립 선언문은 영국과의 독립 전쟁을 결의하는 선언문으로 탄생했어요. 미국 독립 전쟁은 영국의 절대 왕정에 대항하여 민주 국가를 건설하려 한 일종의 시민 혁명이었어요. 그래서 선언문은 '사람이 태어나면서부터 하늘로부터 받은 권리'라는 '천부 인권'을 천명합니다. 또한 국가 권력은 시민의 합의로 만들어졌고 만약 국가가 권력을 남용한다면 시민은 국가의 권력에 저항할 수 있다는 '로크의 사회 계약설'에 영향을 받아 '인민 주권'과 '저항권'을 명시했지요. 이것은 국가의 권력이 시민에게서 만들어졌고 만약 국가가 자신에게 권력을 부여한 시민을 탄압한다면 시민들은 이러한 국가에 저항해 권력을 무너뜨릴 수 있다는 것을 뜻한답니다.

이것은 인권 발전에 아주 중요한 사상적 기반을 마련하는 것이었어요. 이후 미국 독립 선언문은 프랑스 인권 선언 등 각종 인권 선언문에 영향을 미치면서 세계의 대표적인 인권 선언문으로 자리 잡게 되었답니다.

ㄴ 1823년 버전 미국 독립 선언문

UN,

보편적 인권을 선언하다

20세기에 인류는 끔찍한 전쟁을 두 차례 겪게 된답니다. 전 세계를 전쟁의 소용돌이에 빠트린 이 전쟁을 양차(1, 2차) 세계대전이라고 부르죠. 제1차 세계대전은 1914년 7월 28일부터 1918년 11월 11일까지 무려 5년 동안 계속되었어요. 영국, 프랑스, 러시아, 일본, 세르비아, 몬테네그로, 벨기에, 이탈리아, 헤자즈, 포르투갈, 루마니아, 그리스, 중국, 미국, 태국, 라이베리아 등 16개국이 참전한 이 전쟁은 1,600만 명이 넘는 사망자가 나오고 나서야 끝이 났어요.

하지만 인류는 제1차 세계대전이 종전된 지 불과 21년 만에 다시 제2차 세계대전을 일으키고 만답니다. 제2차 세계대전은 러시아, 미국, 영국, 중국, 프랑스, 폴란드, 오스트레일리아, 뉴질랜드, 캐나다, 독일, 일본, 이탈리아, 헝가리, 루마니아, 불가리아 등 15개국이 참전했어요. 1939년 9월 1일부터 1945년 9월 2일까지 6년 동안에 1,200만 명이 넘는 사람이 목숨을 잃고 말았어요.

인류는 두 번의 전쟁으로 전 세계를 화염에 몰아넣어 3,000만 명에 가까운 사망자를 만들어 냅니다. 그제야 다시는 이처럼 끔찍한 전쟁이 일어나서는 안 된다고 여기게 되지요. 제2차 세계대전이 끝나자마자 각국은 연합체를 만들고 전쟁 방지, 평화 유지, 정치·경제·사회·문화 등 모든 분야에서 국제 협력을 증진시키려고 합니다. 바로 국제연합(UN)이 탄생하게 된 것이지요. 이렇듯 UN은 더 이상 지구에서 양차 세계대전 같은 비극이 생기는 걸 막기 위해, 즉 제3차 세계대전의 발발을 막기 위해 만들어졌습니다.

보편적 인권,
두 차례의 세계대전 후에야 깨달은 가치

UN은 제2차 세계대전이 종식된 직후인 1945년 10월 24일에 창설되었어요. UN에서 인권 문제는 경제사회이사회에서 맡게 되었지요. 경제사회이사회는 인권 분야 임무를 수행하기 위해 인권위원회를 구성했어요. 위원회는 1946년 4월 첫 회의를 시작해 위원 아홉 명을 선출했어요. 위원장으로는 제2차 세계대전을 연합군의 승리로 이끈 루스벨트 미국 대통령의 부인 엘리너 루스벨트가 임명되었죠. 부위원장은 중국의 피시 창이 맡았어요. 보고자는 레바논의 찰스 말리크가 맡았답니다. 이들은 이후 세계 인권 선언문 초안을 만드는 데 큰 활약을 합니다.

하지만 인권 선언을 만드는 일은 순탄치 않았어요. 우선 58개나 되는 회원국들의 이해관계가 저마다 달랐어요. 이 국가들의 이해관계를 조절하는 것은 매우 어려운 일이었죠. 당시는 세계가 자본주의와 공산주의 두 진영으로 나뉘어 이념 대립이 첨예한 시기였어요. 양측은 모두 자신의 입장에서 인권 선언을 만들고자 했지요. 하지만 세계는 이미 두 차례의 세계대전이 인류의 인권을 어떻게 짓밟았는지 명확히 목격한 상태였어요. 인류가 합의할 수 있는 보편적 인권을 만들지 못한다면 언제든 다시 끔찍한 비극이 찾아올 수 있다는 공포감이 컸죠.

결국 엘리너 루스벨트 등 인권위원회 위원들의 중재와 노력 덕분에 자본주의와 공산주의 진영 모두 동의하는 인권 선언문이 완성되었답니다. 이렇게 만든 인권 선언문은 1948년 12월 10일 파리에서 개최된 제3차 UN 총회에서 공식 채택되었어요. 하지만 이처럼 각국의 이해관계를 맞추려 노력했음에도 결과적으로 50개국의 찬성표를 받는 데 그쳐야 했어요. 8개국은 기권했답니다.

이렇듯 우여곡절 끝에 만들어진 세계 인권 선언문은 '인권은 모든 장소에서 모든 사람에게 동일하게 적용되어야 한다'는 보편적 인권 개념을 천명한 최초의 선언이 되었어요. 이후 세계 인권 선언을 기초

ㄴ 엘리너 루스벨트와 인권 선언문

로 수많은 인권 조약이 만들어졌지요. 대표적인 규약을 살펴볼까요?
흔히 '사회권 규약'이라 불리는 '경제적, 사회적, 문화적 권리에 관한
국제 규약'이 있어요. 인권 선언은 강행성이 없는데 비해 이 규약은
비록 낮은 수준이지만 국제 규범으로써 강행성이 있답니다. 또한 '자
유권 규약'이라 불리는 '시민적, 정치적 권리에 관한 국제 규약' 역시
세계 인권 선언의 영향 아래 만들어졌어요.

사회권 규약은 1966년 12월 16일 제21회 국제연합(UN) 총회에서
채택되어 1976년 1월 3일 발효되었어요. 한국 또한 1990년 7월 10일

발효했답니다. 개인의 경제적, 사회적 및 문화적 권리를 국제적으로 보장해 주는 사회권 규약은 'A규약'이라고도 불린답니다. 이것은 1954년 제9회 국제연합(UN) 총회에서 경제적·사회적 및 문화적 권리에 관한 규약을 A안으로, 시민적·정치적 권리에 관한 규약을 B안으로 구분하여 심의했기 때문이에요. 같은 맥락에서 시민적·정치적 권리에 관한 규약은 'B규약'이라고 불리고요.

경제적, 사회적, 문화적 권리(A규약)가 시민적, 자유권적 인권(B규약)과는 구분되는 부분은 국가가 지는 책임의 정도와 그에 따른 의무의 수준이에요. 시민적, 자유권적 권리는 상대적으로 평가하기 어려운 성격을 가지고 있어요. 예컨대 불법적으로 구금되었다면 신체의 자유가 침해된 것이지 며칠 동안 구금되었느냐에 따라 '조금 침해', '많이 침해', '아주 많이 침해'와 같이 등급을 나눌 수는 없는 거죠. 때문에 국가는 이러한 권리의 침해가 발생한다면 정도를 따지지 않고 즉시 개입해야 하죠.

하지만 경제적, 사회적 권리는 상대적인 접근이 가능해요. 경제적 어려움으로 인간다운 삶을 누릴 수 없는 사람이라고 해도 빈곤의 정도에 따라 얼마나 어려운 상황인지 등급을 나누는 게 불가능하지는 않죠. 이들에 대한 국가의 지원도 규모에 따라 적정 수준인지 여부를 상대적으로 평가할 수 있어요.

그래서 사회권 규약(A규약)은 UN에 가입하는 국가의 의무로 인권을 보장해야 하고 해당 국가의 국내 사정에 따라 점진적으로 실행할

것을 요구하고 있답니다. 규약의 가입국들은 조약에 따른 권리를 실현하기 위해 취한 조치와 상황을 국제연합에 보고할 의무가 있답니다.

사회권 규약과 달리 자유권 규약(B규약)은 개인의 '자유' 그 자체를 보장하는 것이 목적입니다. 자유권 규약은 가입국이 그 관할 지역에 있는 모든 개인에게 규약에 정해진 권리를 존중, 보장하고 즉시 시행하도록 규정합니다. 이 부분이 사회권 규약과 가장 구분되는 지점이죠.

자유권 규약 역시 규약의 실시 상황을 가입 후 1년 이내 보고해야 합니다. 이후에는 위원회가 요청할 때마다 국제연합 사무총장에게 보고해야 하지요. 사무총장은 이 보고를 인권 위원회에 송부해 심의받도록 함으로써 규약의 실행력을 보장합니다.

다시 세계 인권 선언으로 돌아와 볼까요? 이처럼 세계 인권 선언은 현재 세계적으로 약 250여 개의 언어로 번역되어 가장 많이 인용되는 인권 문서가 되었습니다. 또한 수많은 나라의 헌법과 법률에도 영향을 미쳤답니다.

학생이 인권을

지켜 내다

• 우리 역사 속 인권 이야기 '학생독립운동 기념일' •

11월 3일은 '학생독립운동 기념일'이랍니다. 원래는 '학생의 날'이라 불렸다가 2006년 2월 9일 '학생독립운동 기념일'로 변경되었지요. 그래서 많은 사람이 아직도 '학생독립운동 기념일'이 아니라 '학생의 날'로 기억하기도 한답니다. 그런데 '학생의 날'은 왜 '학생독립운동 기념일'로 바뀌었을까요? 그것은 '학생의 날'이 일제 강점기에 고등학생들을 중심으로 일어난 항일 운동을 기념하기 위해 만들어졌기 때문이에요.

1929년 광주발 나주행 통학 열차에서 조선인 광주여고 여학생들을 일본인 남학생이 희롱하는 사건이 일어났어요. 이를 본 여학생의 사촌 동생 박준채가 항의하면서 시비가 붙었어요. 주변에 있던 학생들까지 가세해 조선인과 일본인 학생들 사이에 폭력 싸움으로 번졌지요. 그런데 일본 경찰은 한국 학생들만 구속했답니다. 이에 분노한 학생들은 11월 3일 성진회, 소녀회 등 비밀 결사단의 주도로 광주에서 큰 시위를 일으킵니다.

이 시위는 당시 수도인 경성의 이화여자전문학교 등과 동맹하면서 대규모 만세 운동으로 확대되어 1930년 3월까지 전국적인 항일 학생 운동으로 퍼졌어요. 이것을 '광주학생항일운동'이라고 해요. 그래서 11월 3일이 '학생의 날'로 지정되었고 동시에 '학생의 날'이 '학생독립 운동 기념일'로 바뀐 것이랍니다.

'광주학생항일운동'이 있은 후 약 30년이 지나 대한민국에는 다시한 번 대규모 시위가 발생해요. 대한민국 초대 대통령을 지낸 이승만의 자유당은 1948년부터 1960년까지 발췌 개헌, 사사오입 개헌 등 불법적인 개헌을 해서 12년간 장기 집권을 합니다. 그리고 1960년 3월 15일 제4대 정·부통령을 선출하기 위한 선거를 하게 됩니다. 그 선거에서 자유당은 반공개 투표, 야당 참관인 축출, 투표함 바꿔치기, 득표수 조작 발표 등 부정 선거를 자행했어요.

부정 선거가 일어나자 마산에서 시민들과 학생들이 부정 선거를 규탄하는 격렬한 시위를 벌였어요. 당국이 시위대를 폭력적으로 진압하면서 사상자가 다수 나오게 되었지요. 1960년 4월 11일 1차 마산 시위에서 실종된 김주열 군이 눈에 최루탄이 박힌 채 참혹한 시체로 발견되는 사건이 발생했어요. 이에 분노한 시민들이 2차 시위를 벌이면

ㄴ 1929년 11월 일본인 학생들에게 희롱당한 이광춘 여사(왼쪽)

ㄴ 1929년 11월 6일자 동아일보에 보도된 광주학생 항일운동 기사.

서 이승만 정권을 몰아내는 '4 · 19 혁명'으로 이어지게 됩니다. 김주열 군은 마산상업고등학교에 재학 중인 학생이었어요. 당시 반정부 시위에는 성인들뿐만 아니라 김주열 군과 같은 청소년들도 많이 참여했답니다.

이렇듯이 우리나라 역사에는 일제 강점기 광주와 1960년 마산 외에도 청소년들이 조국의 독립을 위해서, 국가의 민주화를 위해서 주도적으로 시민의 행동에 참여한 사례가 많이 있습니다. 1980년의 광주 5 · 18 민주화 운동, 1987년 6월 항쟁 그리고 2017년 촛불집회에도 많은 청소년들이 참여했지요. 그리고 자신의 정치적 의사를 밝히고 우리나라의 민주화를 위해 목소리를 높여 왔답니다.

CHAPTER 03

우리 사회에서
인권은 어떤 얼굴을
하고 있을까?

지금 우리가 당연하다고 생각하는 권리들의 이면에는 오랜 시간 동안 그 것을 위해 목숨을 걸고 싸워 온 수많은 사람들의 피와 땀이 있었어요. 인 권이 발전해 온 역사 속 모습은 감동적이기까지 합니다. 그런데 자칫 인 권을 너무나 크고 멀리 있는 존재로 느끼지는 않을까 걱정이 되기도 해 요. 인권은 결코 멀리 있는 이야기가 아니랍니다. 우리가 하루하루를 살 아가는 일상에서 인권과 관련되지 않은 일이 없을 정도예요.

아침에 일어났을 때 편안하게 누워 잘 수 있는 곳이 있다는 것, 아침 식 사로 맛있는 밥을 먹을 수 있다는 것, 집을 나서서 학교나 회사 또는 다 른 일을 보러 갈 때 이용할 이동 수단이 있다는 것, 누군가를 만나 대화할 때 그로부터 존중받을 수 있다는 것 등 모든 것이 인권과 밀접하게 관련 되어 있답니다. 주거권 보장이라고 하면 너무나 큰 문제인 것 같지만 그 것은 하룻밤을 편히 자고 아침에 개운하게 일어날 공간이 필요하다는 뜻 이에요. 최저 생계비 보장은 최소한의 식생활을 영위할 수 있게 해달라는 뜻이죠. 그리고 이동권의 보장은 내가 가고 싶은 곳에 갈 수 있도록 만들 어 달라는 것이고요.

이처럼 인권은 우리 생활 곳곳에 밀접하게 관련되어 있답니다. 그런데 일상 속 인권은 우리가 인식하기조차 어려운 경우가 많아요. 인권이 보장되었든 침해되었든 그것을 당연하다고 생각하며 오랫동안 살아왔기 때문이에요. 그렇기 때문에 인권, 특히 우리 생활 속 인권은 언제나 예민하게 고민하고 살펴봐야 한답니다. 그렇지 않으면 우리의 인권이 보장되지 못하고 있음에도 침해된다는 것조차 모를 수 있으니까요.

우리 사회에서 인권은
어떤 얼굴을
하고 있을까?

제발
내 개인 정보를 잊어 주세요!

한 대형 할인 마트는 2011년 12월부터 2014년 6월까지 11회에 걸쳐 경품 행사를 진행했어요. 1등 상품으로 고급 승용차까지 내걸었기 때문에 손님들은 적극적으로 경품 행사에 참여했죠. 응모권에 고객들이 개인 정보를 적어 제출하는 행사였는데요, 이 대형 할인 마트는 응모권에 '개인 정보 수집 및 제3자 제공에 관한 내용'을 기재했어요. 경품 행사에 응모하는 고객의 이름, 주소, 전화번호 등 개인 정보를 대형 할인 마트 측에서 모을 수 있고, 이렇게 모은 개인 정보를 다른 사람에게 제공할 수 있다는 뜻이죠. 이를 통해 이 대형 할인 마트는 개인 정보를 약 700만 건 수집할 수 있었어요. 이렇게 수집한 고객들의 개인 정보를 7개 보험 회사에 판매해 약 148억 원을 벌어들였죠.

정보화 시대인 오늘날, 개인 정보의 중요성은 날로 부각되고 있어요. 이러한 때 자신의 개인 정보가 다른 사람에게 넘어갈 수 있다는 사실을 알면서도 경품 행사에 응모하는 사람은 많지 않을 거예요. 그런데도 어떻게 이 대형 할인 마트는 개인 정보를 수백만 건이나 모을 수 있었을까요?

그것은 대형 할인 마트 측에서 부린 꼼수에 있었어요. 응모권에 적힌 '개인 정보 수집 및 제3자 제공에 관한 내용' 문구가 고작 1mm 크기로 적혀 있었던 거예요. 너무 작아 그냥 지나치기가 쉬웠고 눈이 나쁜 사람이라면 아예 읽을 수도 없는 정도였지요. 그래서 경품 행사에 응모한 사람들 대부분은 자신의 개인 정보가 수집되는 것도, 다른 사람에게 넘어간다는 것도 몰랐던 거예요.

이 대형 할인 마트가 이처럼 불법적으로 고객들의 개인 정보를 수집하고 다른 사람에게 넘긴 행동은 엄청난 논란을 불러왔어요. 특히 1mm 크기로 쓰인 안내 문구의 효력이 문제되었죠. 1심과 2심은 안내 문구가 유효하다며 무죄를 선고했어요. 하지만 대법원은 이 대형 할인 마트가 응모권과 응모 화면에 개인 정보 수집 및 제3자 제공에 관한 내용을 약 1mm 크기로 기재한 것에 대해 다른 판단을 내렸어요. "고객 개인 정보를 수집해 판매할 목적으로 경품 행사를 진행하면서 주된 목적을 숨긴 채 사은 행사를 하는 것처럼 소비자들을 오인하게 했다"고 판단했죠. 결국, 이 대형 할인 마트의 임직원 8명은 고객들의 개인 정보를 불법적으로 수집하고 제3자에게 제공한 혐의가 인정되어 유죄를 선고받았어요.

그런데 조금 이상한 부분이 있어요. 경품 행사가 한창이던 2013년, 이 대형 할인 마트의 매출액은 8조 9298억 원이나 되었어요. 반면 이 대형 할인 마트가 보험 회사에 개인 정보를 팔아넘겨 얻은 이익은 고작 148억 원에 불과했죠. 9조 원 가까이 판매하는 회사가 고작 150억 원 때문에 불법을 저지르고 형사 처벌을 받은 거예요. 게다가 "고객의 개인 정보를 팔아먹은 회사"라며 사회적인 비난을 받아 회사 명예도 크게 실추되었죠. 대형 할인 마트 측에게 고객들의 평판은 매우 민감한 문제였을 텐데 말이에요.

이 대형 할인 마트가 150억 원을 벌고자 회사 평판을 실추시키고 임직원들에게는 유죄가 선고되는, 어떻게 보면 무모한 경품 행사를 진행하지는 않았을 거예요. 이 배경에는 변화하는 인권에 대한 감수성이 적었던 것이 가장 큰 이유였을 거예요. 쉽게 말하면 크게 문제될 일이 아니라고 생각했던 거죠.

아마도 대형 할인 마트 경품 행사는 개인 정보를 넘겨받은 보험 회사가 고객들에게 전화를 걸어 상품을 판매하는 텔레마케팅을 하면서 문제되기 시작했을 거예요. 몇몇 고객들이 "제 전화번호를 어떻게 알았어요?"라며 항의를 했을 거고 "고객님께서 대형 할인 마트 경품 행사에서 개인 정보 제공에 동의해 주셨기 때문에 전화 드렸습니다."고 답변하면서 경품 행사를 통해 개인 정보가 수집·판매되었다는 사실이 드러났겠지요. 하지만 기존에는 이런 식의 텔레마케팅을 문제 삼는 이들이 많지 않았어요. 그래서 대형 할인 마트 측에서도 대수롭지 않게 생각했던 거죠. '경품 행사를 하면 어차피 개인 정보를 수집해야 하는데, 수집된 개인 정보를 팔아 부수입을 올리면 좋지'라는 경솔한 생각에 이런 일이 발생한 거예요.

시대에 따라
인권도 진화해요

대형 할인 마트 경품 행사 사건을 보면 인권도 시대에 따라 범위가 넓어지거나 특정 영역의 중요도가 높아지는 등 변화한다는 것을 알 수 있어요. 사람들이 저마다 휴대전화를 가지고 다니기 전, 전화라고 하면 집에 놓인 유선 전화가 전부인 시대에는 어떤 사람의 이름, 전화 번호, 가족 관계 같은 개인 정보를 중요하다고 생각하지 않았어요. 학교나 직장에서는 이러한 개인 정보를 받으면서 동의서조차 받지 않았지요. 그때는 제공받은 개인 정보를 학교에서 선생님만 보거나 회사의 인사팀에서만 관리했어요. 수집된 개인 정보를 다른 사람에게 팔고 싶어도 판매할 곳도 없었어요. 당시는 개인 정보를 모아 봤자 학교 전교생 수백 명, 회사 전 직원 수천 명 정도였죠. 정보를 모으기도 쉽지 않고, 모아도 사용하기 어려워 돈이 되지 않던 시대였어요.

하지만 오늘날 개인 정보는 전혀 다른 개념이 되었어요. 우선 개인 정보를 대량으로 수집하기가 쉬워졌어요. 대형 할인 마트 경품 사건을 살펴보면 매장을 찾는 고객에게만 응모권을 받은 것이 아니라 인터넷을 통해서도 응모권을 받았어요. 인터넷을 통해 응모권을 받음으로써 시간과 장소에 구애받지 않고 엄청나게 많은 사람의 개인 정보를 수집할 수 있게 된 것이지요.

또한, 이렇게 모집된 개인 정보를 돈을 주고 사려는 사람들도 생겨났어요. 이를테면 보험 회사에게 한 개인의 이름과 사는 곳, 가족 관계 등은 매우 소중한 정보지요. 이를 통해 누구에게 어떤 보험 상품을 권유하면 잘 팔릴지 예측할 수 있거든요. 그래서 얼마나 많은 개인 정

보를 수집하느냐에 따라 영업의 성과가 달라진 거지요. 다시 말해 개인 정보가 과거와는 비교할 수 없을 정도로 중요해진 거죠.

그런데 "개인 정보가 인권과 무슨 관계지?"라고 생각하는 분도 계실 수 있어요. 과거처럼 학교 선생님이 내 이름과 가족 관계, 전화번호를 아는 것은 아무런 문제가 되지 않을 수도 있어요. 하지만 내 개인 정보가 어디서 어떻게 누구에게 흘러 들어가고, 그렇게 유통된 개인 정보가 어떻게 이용될지조차 모르는 것은 그 자체로 인권 침해에 해당해요. 사람은 누구나 자신의 개인 정보를 어떻게 관리하고 활용할지를 결정할 권리가 있기 때문이에요. 그러한 결정권이 침해된다면 그 사람의 인권이 침해되는 것이죠.

디지털 장의사,
디지털 세상에서 내 권리 찾기

이번에는 개인 정보의 중요성이 높아지면서 새롭게 등장한 인권의 영역을 살펴볼까요? 혹시 '디지털 장의사'라는 말을 들어 보셨나요? 장의사는 죽은 사람을 보내 드리는 일종의 의례인 장례식에 필요한 여러 일을 맡아서 하는 사람을 뜻해요. 그렇다면 디지털 장의사는 돌아가신 분에 대한 디지털 영역에서의 장례식을 맡아서 하는 사람을 뜻하겠네요. 그렇다고 인터넷 상에서 장례식을 치르는 것은 아니에요. 고인이 생전에 인터넷에서 활동했던 기록들을 찾아 삭제하는 일을 하죠.

요즘 디지털 장의사들은 한 단계 더 나아가 돌아가신 분들만이 아니라 살아 있는 사람들을 대상으로 활동하기도 해요. 자신과 관련된 인터넷에 떠도는 각종 정보 중 원하지 않는 것을 찾아 삭제해 주는 서비스지요. 이것을 '잊힐 권리(The right to forgotten)'라고도 불러요.

디지털 세계에서는 원본과 복사본의 차이가 무의미해요. 흔히 말하듯 'Ctrl + c', 'Ctrl + v'만 하면 원본과 완벽하게 동일한 복사본을 무

한대로 생성할 수 있죠. 여기서 그치지 않고 복사본을 보유한 사람이 이를 다시 복사하면 원본과 동일한 복사물이 만들어져요. 이런 식으로 인터넷 상에서 정보는 기하급수적으로 퍼져 나갈 수 있답니다.

그런데 때로는 공개되지 않았으면 하는 내 정보가 인터넷에 퍼지기도 해요. 하지만 인터넷의 엄청난 확산력 때문에 개인의 힘으로는 도저히 해당 정보를 모두 지울 수 없지요. 이때 해당 정보를 인터넷에서 삭제할 권리가 있다는 것이 '잊힐 권리'예요. 그리고 인터넷에 퍼진 정보를 찾아 일일이 삭제해 주는 이들이 '잊힐 권리'를 도와주는 신종 업체들이죠.

이름에서 알 수 있듯이 '잊힐 권리' 역시 하나의 '권리'예요. 그런데 인터넷이 발전하기 전인 10년, 20년 전에는 이 '잊힐 권리'는 존재하지도 않았어요. '잊힐 권리'는 인터넷의 발전과 함께 새롭게 떠오른 권리이기 때문이에요. 이렇듯 인간의 권리, 인권은 시대의 발전에 따라 새롭게 만들어지기도 하고 변형되기도 한답니다. 그렇기에 우리는 시대의 흐름에 따른 인권의 변화에 항상 주의를 기울여야 해요.

정말 노동자는
빨리 달려야만 할까?

좀 옛날이야기를 해볼까요. 90년대, 아니 2000년대 초만 해도 배달 음식이 많지 않았어요. 기껏해야 동네마다 있던 중국집이 전부였죠. 그 시절 농담 중 "방금 출발했는데요."라는 말이 있어요. 자장면을 주문하고 아무리 기다려도 배달이 오지 않아 중국집에 전화해 보면 어김없이 "어! 방금 출발했는데요."라는 대답이 돌아오고는 했지요. 손님 입장에서는 너무 늦어서 출발 전이라면 주문을 취소하겠는데, 이미 조리해서 배달원이 출발까지 했다니 취소할 수도 없는 노릇이었죠. 반면 중국집은 이미 출발했다고 하면 손님이 주문을 취소하지 않는다는 것을 이용해 아직 출발도 하지 않은 주문을 "방금 출발했는데요."라고 하는 것이지요. 이런 일들이 하도 많아서 "방금 출발했는데요."라는 말은 상황만 잠시 모면하는 거짓말을 가리키는 농담으로 쓰였어요.

하지만 "방금 출발했는데요."는 더 이상 오늘날의 현실과는 맞지 않는 농담이 되었어요. 음식은 주문한 지 얼마 되지 않아 바로 배달되고, 소비자들도 더 이상 오래 기다려 주지 않기 때문이에요. 게다가 배달 대행 업체까지 생겨서 음식 배달 시장은 극심한 경쟁 상태에 빠졌답니다.

"1초라도 더 빨리!"를 외치며 배달 업체들이 사활을 건 경쟁을 하게 되었어요. 그렇다 보니 좀 전에 주문했는데도 벌써 초인종이 울릴 정도로 배달 속도가 빨라졌지요. 급기야 2010년 경 미국에 본사를 둔 한 피자업체는 "30분 배달제"를 전면에 내세우고 배달 경쟁에 뛰어들었죠. 손님이 주문한 지 30분 내에 피자가 배달되지 않으면 돈을 안 받겠다는 것이었어요. 30분이면 짧은 시간이 아니라고 생각할 수도 있지만 피자가 30분 만에 배달된다는 것은 엄청난 일이에요.

피자는 반죽을 넓게 펴서 도우를 만들고 거기에 소스를 바른 후 각종 토핑을 올리고 치즈를 뿌린 다음 오븐에 구워서 만들어요. 굽는 시간만 10여 분이 걸리지요. 피자 한 판을 만드는 데는 최소 14~15분이 소요된답니다. 그렇다면 배달원이 15분 만에 배달을 끝내야 30분 배달제를 맞출 수 있어요.

하지만 오토바이에 피자를 싣고 시동을 켜는 데 1~2분, 목적지에 도달해서 문 열고 들어가는 데 1~2분, 아파트라면 엘리베이터를 기다리고 타는 데 2~3분, 이렇게 오토바이 운전 외에 소요되는 시간들만 길게는 6~7분이 들어요. 결국 오토바이 운전을 길어도 10분 안에 끝내야 30분 배달제를 맞출 수 있는 거죠. 시내 주행 속도가 시속 30~40km 정도라고 하면 10분이면 5~6km를 갈 수 있으니 운전을 10분 내로 끝내는 것이 큰 무리는 아닐 수도 있겠네요. 하지만 아직 한 가지 문제가 더 남았답니다. 배달원에게 시간 내에 배달해야 할 곳이 한 곳이 아니라는 거예요.

피자 업체는 주문이 한 건이 들어오건, 두 건이 들어오건, 세 건, 네 건이 들어오건 고용된 배달원들이 모두 배달하도록 강요했어요. 주문에서 배달까지 오롯이 30분을 사용해도 배달이 될까 말까 한데 그 시간에 두 곳, 세 곳에 배달하라고 하다니. 배달원들은 정상적인 방법으로는 30분 배달제를 맞출 도리가 없었답니다.

도저히 30분 만에 갈 수 없는 거리를 30분 만에 가라고 하니 배달원들은 어떻게 해야 했을까요? 조금이라도 더 빨리 가려고 자동차 사이를 비집고 다니고, 속도를 올리고, 가끔은 신호 위반도 하고, 더 가끔은 중앙선 침범도 해야 했답니다. 과속을 하고 교통 법규를 어기다 보면 당연히 운전자의 안전은 위험해지겠죠. 대형 사고가 나는 것은 시간문제였을 거예요. 아니나 다를까 결국 사고가 나고 말았답니다.

2010년 12월 해당 업체에서 피자 배달 아르바이트를 하던 24살 최 모 군이 택시와 충돌해 사망하는 끔찍한 사고가 발생했어요. 최 군은 조금이라도 빨리 배달하기 위해 신호 대기 중이던 자동차들 틈바구니를 비집고 가장 앞줄에서 신호가 바뀌기만을 기다렸어요. 그러다 빨간불이 파란불로 바뀌는 순간 급히 출발했어요. 하지만 대각선 차선에서 한 택시가 초록불이 노란불로 그리고 노란불이 빨간불로 바뀌기 전에 신호를 통과하려 과속을 해오고 있었어요. 급히 출발하던 최 군은 결국 택시와 부딪히고 말았지요.

정작 더 큰 문제는 따로 있었어요. 해당 업체에서는 이미 배달하다 교통사고로 사망한 노동자가 3명 더 있었던 거예요. 고용노동부에 따르면 최 군이 사망한 2010년을 기준으로 최근 5년간 오토바이 사고 산업 재해자는 7,081명에 달했어요. 이것은 매우 많은 노동자들이 오토바이를 운전하다 사고를 당했다는 이야기예요. 최 군의 죽음은 어느 정도 예견된 인재(人災)였던 거예요. 해당 업체는 다른 업체보다 조금이라도 더 빨리 배달해 경쟁에서 살아남아 더 큰 돈을 버는 것을 노동자의 목숨보다 중요하게 여겼던 것이지요.

더욱 놀라운 것은 본사가 있는 미국에서는 오토바이 운전 중 사고가 빈번히 발생하자 이미 1993년에 30분 배달제를 폐지했다는 거예요. 30분 배달제가 노동자의 안전에 상당한 위험이 된다는 것을 알면서도, 미국에서는 이미 15년 전에 폐지한 제도를 한국에서 버젓이 시행했던 거죠. 심지어 30분 배달제를 일명 '3082, 30분 내에 빨리'라며 홍보에 열을 올리기까지 했답니다.

노동자의 목소리에
더욱 귀를 기울였더라면

그런데 좀 이상하지 않나요? 배달원들은 왜 자신의 안전을 포기하면서까지 조금이라도 더 빨리 배달하려고 했을까요? 자신의 건강, 생명보다 중요한 것이 있을까요? 배달원들이 위험을 감수하면서까지 운전을 한 이유는 업체의 강요 때문이었어요. 피자 업체는 배달원들에게 30분 배달제를 강요했고 배달이 늦을 경우에는 여러 가지 불이익을 주었어요. 배달원들은 업체의 강요와 불이익을 받지 않기 위해 목숨을 건 운전을 했던 거예요.

그런데 아직도 이해하기 어려운 부분은 남아 있네요. 아무리 업체에서 강요했어도 교통 법규를 어기면서까지 운전을 해야 하는 것은 아니잖아요. 안전 운전을 하면서 최대한 빨리 배달을 하고 그래도 30분 배달제를 지키지 못한다면 회사에 요구를 했어야지요. 배달원을 추가로 채용하거나 배달 시간을 늘려 달라고요. 정말 중요한 문제가 바로 여기에 있답니다.

배달원들은 끊임없이 30분 배달제의 문제점을 지적했다고 해요. 하지만 피자 업체는 배달원들의 지적을 무시했던 거예요. 앞서 보았듯 이미 배달원 여러 명이 배달 중 교통사고로 목숨을 잃었어요. 미국 본사에서는 안전 문제로 이미 십여 년 전에 30분 배달제를 폐지했고요.

그런데 유독 한국에서만 배달원들의 문제 제기에도 시행되고 있던 거예요.

노동자들이 지속적으로 문제를 제기했는데도 어떻게 이처럼 명백히 부당한 제도가 버젓이 시행될 수 있었을까요? 그것은 노동자들의 힘이 약했기 때문이에요. 피자 배달은 목숨을 잃은 최 군과 같이 주로 20대 초중반 청년들이 많이 종사하는 업종이에요. 배달과 함께 편의점, 외식업체, 이벤트 업체 등은 대표적으로 청년들이 많이 일하는 업종이지요.

그런데 이 업종들에서 유독 노동자에게 불합리한 일들이 많이 일어난답니다. 이 업종들에 고용된 노동자들은 대부분 비정규직이고 근속 기간도 타 업종에 비해 짧아요. 그러다 보니 노동조합이 없는 경우가 많았어요. 노동자들의 이익을 대변해 주는 노동조합이 없다 보니 그들의 주장을 회사 측에서 귀 기울여 듣지 않았던 거죠.

이 점은 얼마 지나지 않아 청년유니온을 통해 증명되었어요. 청년 노동자들이 산업 현장에서 지속적으로 부당한 대우를 받자 2010년 3월 청년 노동자들은 청년이 중심이 된 노동조합, 청년유니온을 설립합니다. 청년유니온은 설립되자마자 피자 30분 배달제 폐지 운동을 벌이죠. 그리고 2011년 30분 배달제는 폐지되었어요. 물론 30분 배달제의 폐지가 청년유니온만의 노력으로 이루어진 것은 아니에요. 청년유니온 말고도 최 군의 죽음 이후 30분 배달제 폐지를 요구한 목소리가 많았어요. 하지만 배달 노동의 당사자들이 포함된 노동조합인

청년유니온의 주장은 30분 배달제의 폐지에 결정적인 역할을 했지요.

노동조합,
노동자의 권리를 지키기 위해 모이다

'노동'의 사전적 의미는 "사람이 생활에 필요한 물자를 얻기 위해 육체적인 노력이나 정신적인 노력을 들이는 행위"랍니다. 자본주의 사회에서 노동자들은 생활에 필요한 물자를 직접 얻기보다는 일을 하고 받은 임금으로 시장에서 그것을 사지요. 노동자는 자신의 노동력

을 제공하고 사업주는 노동력을 제공받는 대신 임금을 주는 것이에
요. 즉, 노동은 생활에 필요한 물자를 사기 위해 일하고 돈을 받는 것
이지요.

일하고 돈을 받는 것이기 때문에 받은 만큼만 일하면 되는 것이지
최 군처럼 목숨까지 위협받으면서 할 필요는 없지요. 그런데 현실에
서는 사장님이 시키는 일을 하지 않는다면 부당한 대우를 받거나 심
지어 직장을 잃을 수도 있어요. 그래서 노동자들은 최 군처럼 자신의
안전을 포기하면서 일하는 거죠.

이때 한 명의 노동자는 사장님에 비해 힘이 약하기 때문에 노동자
들은 서로 힘을 합쳐 사장님과 협상을 합니다. 이것이 노동조합이에
요. 다시 말하지만, 노동자는 생활에 필요한 돈을 벌기 위해, 즉 삶을
영위하기 위해 일을 해요. 노동은 노동자에게 생존하기 위한 것 자체
랍니다. 즉 노동자에게 노동은 인권인 것이지요. 그리고 그들은 산업
현장에서 인권을 보장받기 위해 노동조합을 만들어 목소리를 키우는
것이고요. 결국, 노동조합은 노동자의 인권 보장을 위해 반드시 필요
한 것이랍니다.

노동자의 권리에는
어떤 것이 있을까요?

그렇다면 노동자에게 어떠한 권리가 있는지를 살펴볼 필요가 있겠네요. 노동자에게 많은 권리가 있지만 앞서 살펴보았듯 노동조합을 중심으로 한 사회 운동을 통해 얻어 낸 권리를 중심으로 살펴보는 것이 좋을 것 같아요.

노동자의 권리로 가장 먼저 '근로권'이 있어요. 근로권은 일할 힘과 의지를 가진 사람이라면 누구나 국가를 상대로 노동할 기회를 요구할 수 있는 권리예요. 따라서 국가는 이들의 고용을 보장하기 위해 적극적으로 노력할 의무가 있죠. 국가가 취업률에 민감하고 고용을 창출하기 위해 노력하는 것은 국가 경제의 문제도 있지만 국가에게는 국민의 근로 권리를 보장할 의무가 있기 때문이에요.

둘째로 최저 수준의 임금을 들 수 있어요. 아무리 임금이 낮다고 해도 일정 수준 이하로 임금을 주는 것을 금지하는 거예요. 이것을 '최저 임금'이라고 하죠. 국가는 법으로 최저 임금을 규정하고 이를 어길 경우 형사 처벌까지 한답니다. 그런데 노동자가 자신의 노동력을 일정한 값에 제공하고, 사용자가 이를 구매하는 거래에서 최저 가격이 정해져 있다는 것이 어떻게 보면 이상할 수도 있을 거예요. 상품이 얼마나 많은지 그리고 그것을 사려는 사람이 얼마나 많은지, 즉 수요와 공급에 따라 상품의 가격이 결정되는 시장 논리에 따른다면 노동력의 최저 가격(최저임금)이 정해진 것은 이해하기 어려운 일이겠죠.

노동력 역시 시장에서 거래되는 일종의 상품일 수는 있지만 음식이나 장난감 같은 물건들과는 본질적으로 다른 점이 있어요. 그것은 바로 '사람'이라는 점이에요. 노동력은 사람이 움직여서 만들어 냅니다. 다른 물건처럼 지금 당장 쓰지 않는다고 보관해 둘 수도 없고, 기계처럼 하루 종일 돌릴 수도 없죠. 한정된 노동력을 지나치게 많이 사용하면, 다시 말해 너무 많이 일을 하면 건강을 해칠 수도 있어요. 또한 노동자는 노동력을 제공한 대가로 받은 임금으로 살아가야 해요. 그렇기에 지나치게 낮은 임금을 받으면 행복하게 살아가는 데 큰 지장을 받게 됩니다. 이런 점들 때문에 노동력의 최저 가격인 최저 임금이 법으로 규정된 거예요.

세 번째로는 노동 3권을 이야기할 수 있어요. 노동 3권은 단결권, 단체교섭권, 단체행동권을 일컫는 말이에요. 단결권은 노동조합을 결성할 수 있는 권리예요. 노동조합은 사용자(사장님)와 협상해 임금, 휴가, 노동 시간, 휴식 시간, 작업장 환경 등 노동 조건을 개선해 나갈 권리가 있어요. 이것을 '교섭'이라고 해요. 노동조합이 적정한 시간, 장소, 인원, 태도로 교섭을 요청한다면 사용자는 이를 거부할 수 없답니다. 만약 사용자가 노동조합의 합리적인 교섭 요청을 거부한다면 이 또한 법에 따라 처벌받을 수 있어요. 노동자 개개인이 아닌 노동조합이라는 단체가 사용자와 교섭하기 때문에 이것을 '단체교섭'이라고

합니다. 사용자에게 단체교섭을 요청할 수 있는 권리를 '단체교섭권'
이라고 해요.

　만약 단체교섭에서 노동자와 사용자 간 합의점을 찾지 못한다면 교
섭은 결렬되고 말 거예요. 이렇게 단체교섭이 결렬되면 노동조합은
노동 조건을 유지하거나, 개선하기 위해 파업과 같은 단체 행동을 할
수 있어요. 파업은 노동자가 일을 하지 않는 거예요. 이처럼 노동자가
사용자를 압박하기 위해 파업과 같은 행동을 단체로 할 수 있는 권리
를 '단체행동권'이라고 해요.

그 많은 장애인은

다 어디에 있을까?

· 장애인 인권 ·

우리는 하루 동안 얼마나 많은 사람들을 만날까요? 길을 걷다, 버스나 전철에서, 학생이라면 학교에서, 직장인이라면 회사에서 수없이 많은 사람들을 마주치며 살아갑니다. 집 밖을 나왔다면 하루에만 최소 수백에서 많게는 수천 명 또는 그 이상의 사람들을 마주칠 거예요. 우리를 지나쳐 가는 수많은 사람들은 얼굴 생김새, 키, 옷차림 등 하나같이 다른 모습들을 하고 있답니다. 하지만 이처럼 각양각색의 사람들도 한 가지 공통점이 있을 거예요. 바로 비장애인이라는 것이죠.

참고로 '비장애인'이라는 표현은 '정상인'에 대비되는 표현이에요. 장애를 가진 이를 '장애인' 그렇지 않은 사람을 '정상인'이라고 표현하면 '장애인'은 '정상이 아닌 사람'이 되잖아요. 하지만 장애인은 신체나 정신 기능 중 일부에 제한이 있는 사람일뿐 정상이 아닌 사람은 아니랍니다. 그래서 '정상인'이 아닌 '장애가 없는 사람'이라는 뜻에서 '비장애인'이라고 표현하는 것이 더 좋아요.

우리나라 전체 인구 중 장애인 비율은 2017년 기준으로 약 4.9%입니다. 수치로만 본다면 하루에 100명을 마주쳤으면 다섯 명 정도는 장애인이어야 해요. 4.9%라는 수치는 국가에 등록된 장애인만 따진 것이니 실제 장애인 비율은 더 높을 거예요. 그렇지만 여러분은 하루를 지내면서 장애인을 몇 명 만나나요? 하루 종일 단 한 명도 마주치지 못하는 날도 많을 거예요. 오히려 장애인을 마주한 날보다 그렇지 않은 날이 훨씬 많을 거예요. 그렇다면 4.9%나 되는 장애인들은 다 어디에 있는 것일까요?

장애는 신체나 정신에 손상이 있어서 일상생활 등에 제약을 받는 것을 말해요. 장애에는 여러 종류가 있는데요. 청각 장애나 언어 장애와 같이 외형적으로는 전혀 알아볼 수 없는 경우도 있는 반면 지체 장애와 뇌 병변 장애와 같이 겉으로도 장애임이 드러나는 경우도 있어요. 겉으로 드러나지 않는 장애가 있다면 스쳐 지나가는 일상생활에서 이를 알아보기 어려워요. 장애인을 만났지만 그 사람이 장애인임을 우리가 알지 못할 수도 있는 거지요. 하지만 겉으로 구별할 수 없는 장애인들이 있다는 걸 감안해도 우리가 하루 종일 장애인을 한 명도 만나지 못한다는 것은 설명하기 어려운 현상이에요.

우리는 무의식중에
장애인을 격리하고 있어요

장애인을 만나지 못하는 가장 큰 이유는 그들이 우리와 격리되어 있기 때문이에요. 지금까지 짧은 글을 읽으면서 이상한 점을 느끼셨나요? 느끼지 못했다면 이 글을 읽는 여러분은 비장애인일 가능성이 클 거예요.

글에서 계속 '우리'와 '장애인'을 나누어 이야기를 했거든요. '우리'는 당연히 비장애인을 뜻하고요. 만약 이 글을 읽는 사람이 장애인이라면 매우 기분이 나빴을 거예요. 글을 읽는 사람을 당연히 비장애인으로 여기고 장애인을 비장애인이 관찰하는 대상으로 만들었으니까요. 이러한 모습을 '장애인에 대한 타자화'라고 말해요. 장애가 없는 사람을 '우리'라고 부르면서 장애인을 다른 존재로 만들어 '우리'에서 배제시켜 버리는 거예요. 비장애인들의 삶 속에서 장애인을 마주칠 기회가 적은 가장 큰 이유는 바로 '장애인에 대한 타자화'입니다.

'이동권'으로 살펴보는
장애인에 대한 타자화

장애인에 대한 타자화는 단순히 우리 생각 속에서만 일어나지 않아요. 장애인에 대한 타자화는 실제 생활 공간에서도 일어납니다. 2002년 박종필 감독은 '버스를 타자!'라는 다큐멘터리 영화를 발표했어요. '버스를 타자!'의 부제는 '장애인 이동권 투쟁보고서'랍니다.

뇌 병변 장애는 정도의 차이는 있지만 신체 일부 또는 전체에 마비가 생기는 장애예요. 사지가 비틀어지고 얼굴까지 일그러져서 말도 제대로 못하는 장애가 있는 사람을 마주한 적이 있나요? 뇌 병변 장애인 가운데 일부 이런 분들이 있습니다. 이분들은 신체 기능이 매우 제한되어서 비장애인들에게는 쉬운 일들도 이들에게는 아주 큰 어려움으로 다가옵니다. 예를 들어 계단 오르기, 버스나 전철 타기 심지어 인도의 낮은 경계석 지나기 등도 이들에게는 아주 힘든 일이 되지요.

이들은 사지가 마비되어 휠체어의 바퀴조차 굴릴 수 없어서 전동 휠체어를 타야만 해요. 그런 그들에게 버스의 좁고 높은 계단은 마치 철조망이 쳐진 담장과 다를 바가 없답니다. 승강기가 없는 건물은 히말라야 산과 마찬가지이고요. 승강기가 있다고 해도 거기까지 가는 길에 낮은 경계석이라도 있다면 무용지물이 됩니다.

우리가 사는 도시는 철저하게 비장애인 중심으로 설계되어 있어서

장애인들이 생활하기에 힘든 점이 이만저만이 아니에요. 그래서 장애인들은 세상에 나오기 위해 부단히 노력했답니다. 하지만 아무도 장애인들의 말에 귀 기울이지 않았어요. 그들은 세상을 향해 자신들의 소리를 외치기 위해 극단적인 방법까지 써야 했어요.

지금은 상황이 나아졌지만 예전에는 승강기가 없는 지하철이 많았어요. 장애인들이 지하철을 타려면 계단에 설치된 리프트를 사용해야 했지요. 그런데 이 리프트가 상당히 위험해서 사용하다 추락하는 사고가 자주 일어났어요. 추락 사고가 빈번히 일어나고 급기야 사망 사고로까지 이어졌지요. 그러자 장애인들은 지하철 이동권을 보장하라며 시위를 벌였어요.

장애가 없는 비장애인들에게는 너무도 자연스러운 일들이기 때문에 '권리'라는 것조차 느끼지 못하는 것들이 있어요. 대표적인 것이 '이동권'이에요. 이동권은 자신이 가고 싶은 곳에 자기 힘으로 갈 수 있는 권리를 뜻해요. 대부분의 교통 시설이 비장애인을 기준으로 만들어져 있어서 장애인들에게 이동권은 절실히 보장되어야 하는 권리 중 하나예요.

급기야 2003년에 장애인들이 이동권 보장을 외치며 철로를 점거하는 사건이 일어납니다. 장애인들은 지하철 선로에 내려가 몸과 휠체어에 쇠사슬을 감은 후 자물쇠로 채우고 농성에 들어갔어요. 경찰이 즉각 투입되어 쇠사슬을 절단기로 자르고 장애인들을 연행했어요. 그 시위로 서울 지하철 2호선은 30분 동안 운행을 중단해야 했지요. 누군가는 그들의 시위를 너무 폭력적이라고 비난하기도 했어요. 하지만 그들이 선로를 점거하기 전까지 장애인들의 지하철 이용권에 대해 관심을 갖는 이들은 거의 없었답니다. 이러한 시위가 반복되고 나서야 지하철에 승강기를 설치하는 공사가 본격적으로 이루어졌지요.

이제는 대부분의 역에 승강기가 설치되어 장애인들도 전철을 이용할 수 있게 되었어요. 그런데 전철이 없는 곳은 어떻게 해야 하죠? 비장애인들이야 전철보다 교통망이 더욱 촘촘한 버스를 타면 되겠네요. 그런데 버스는 장애인이 이용하기엔 큰 제약이 있어요. 간혹 바닥이 낮아 계단을 오르지 않아도 탑승이 가능한 버스를 타본 적이 있을 거예요. 이것을 '저상 버스'라고 하는데요, 버스 입구의 높은 계단을 오르기 불편한 사람을 위해 도입된 버스예요. 굳이 장애인뿐만 아니라고령자, 어린이, 임산부 등 교통 약자에게 두루 편리한 버스죠. 그런데 이러한 저상 버스의 도입률이 2017년 기준 22.3%에 불과해요. 게다가 아무리 저상 버스라고 해도 전동 휠체어를 타야 하는 장애인은 이용할 수 없어요. 전동 휠체어를 탄 채 버스에 승차하려면 휠체어 리프트가 설치되어야 하기 때문이에요.

장애인들은 다시 거리로 나섰어요. 2014년 4월 20일 고속버스터미널에 장애인 300여 명이 모였답니다. 이들은 미리 예매한 버스표를 들고 버스 탑승을 시도했어요. 그들은 "우리도 버스를 타고 고향에 가고 싶다"고 외쳤지요. 하지만 장애인을 위한 장비가 설치되지 않아서 그들은 고속버스를 탈 수 없었어요. 그들이 계속 버스에 타기를 고집하자 경찰은 불법 집회로 규정하고 진압에 나섰답니다. 거동도 불편한 장애인들에게 최루액을 쏘며 매우 폭력적으로 진압했어요.

그로부터 4년여가 지난 2018년 3월에서야 국가인권위원회는 고속버스에 휠체어 리프트를 설치하라는 권고를 내렸답니다. 이에 대해 관련 부처인 국토교통부와 기획재정부는 수용하기로 했어요. 하지만 고속·시외버스 업체들은 비용과 안전 문제를 거론하며 수용할 수 없다고 했지요. 그래서 장애인들이 고속버스를 타고 고향에 내려가기 위해서는 아직도 많은 시간과 노력이 필요한 상황이랍니다.

장애인의 이동권 문제 하나만을 가지고 이야기를 해봤어요. 이동권 하나만 봐도 우리 사회가 얼마나 비장애인 위주로 만들어졌는지, 장애인들이 얼마나 차별과 고통 속에서 살아가는지 알 수 있지요. 교육,

노동, 문화, 복지 등 여러 분야에서 장애인들에게 가하는 차별까지 살펴본다면 이보다 더한 이야기도 많을 거예요. 그만큼 한국 사회에서는 장애인 인권에 대해 매우 심각한 침해를 하고 있는 것이에요. 집에서 나올 수조차 없다면, 그래서 평생을 방에서만 보내야 한다면 그들의 인권이 보장되었다고 말할 수는 없을 테니까요.

우리가 쓰는 말 속에
남자와 여자에 대한 차별이 담겨 있다고?

글 쓰는 것이 직업인 사람을 작가라고 하지요. 그중에 여성 작가의 경우 여류 작가라는 말이 있어요. 이와 비슷하게, 특정 직업 앞에 '여자 여(女)'자를 접두사로 써서 특정 직업을 가진 여성을 뜻하는 단어가 꽤 많아요. 여배우, 여교수, 여의사, 여군, 여경 등이 있지요. 비슷하게 특정 장소에 '여'자를 붙여 여성들이 모인 장소로 표현하기도 해요. 여고, 여중 등이 그렇죠. 접두사로 '여'자가 붙은 단어가 매우 많고 자주 사용되어서 대부분의 사람들은 그것을 사용하면서도 이상하다는 생각을 못하기도 해요. 그런데 조금만 생각을 바꿔 보면 금방 '무언가 이상하다'는 것을 알 수 있답니다.

남류 작가, 남배우, 남교수, 남의사, 남군, 남경… 매우 어색하죠?

국어사전에도 여교수는 "[명사] 여자 교수"라고 등재되어 있지만 남교수는 없는 단어로 나와요. 나머지 단어들도 모두 마찬가지죠. 한국어에서 남성을 뜻하는 접두사를 가진 단어를 찾기는 어려워요. 가끔 겨우 하나 찾을 수 있는데요, 대표적인 것이 '남자 간호사'예요. 간호사 중에 남자를 뜻하는 말이죠. 뭔가 더 이상해지네요. 똑같이 병원에서 일하는 사람인데 '남의사'라는 단어는 없고 '남자 간호사'만 있을까요?

여기에 대해 간호사가 대부분 여성이기 때문이라고 말하는 이들도 있어요. 하지만 이러한 대답은 남자 간호사에 대한 변명이 될 수는 없어요. 이와 같은 사례로, '여의사'라는 말이 있지만 의사 대부분이 남자는 아니기 때문이죠. 남자 간호사와 여의사는 해당 직업에서 남성과 여성의 비율 문제는 아니에요. 간호사는 여성 직업, 의사는 남성 직업이라는 선입견과 고정관념에서 비롯된 문제랍니다. 간호사와 의사는 분명 성적으로 중립적인 단어지만 우리는 그것을 남성(의사)과 여성(간호사)으로 이해하는 것이죠. 이러한 이해는 단어의 사용에서만 나타나는 게 아니에요. 직업 현장에서 실질적인 차별로까지 이어져요.

여성을 '성(性)'이 아니라 특정한 이미지로 사용하기도 해요. 결혼하지 않은 여성과 남성을 처녀, 총각이라고 하죠. 그런데 '처녀'라는 단어는 다른 의미로도 사용돼요. '처녀작', '처녀출판', '처녀비행' 등이 그것이에요. '첫 작품', '첫 출판', '첫 비행'이라는 뜻인데요. '처녀'를 '처음 한다'는 의미로 사용한 것이죠. 하지만 '총각작품', '총각출판', '총각비행'이라는 단어는 없어요. 여기에는 여성의 혼전순결을 강조하는 우리나라의 문화가 담겨 있답니다. 여성은 결혼 전에 반드시 순결을 지켜야 한다는 매우 성차별적인 인식이 자리한 것이죠. 총각은 그저 '결혼하지 않는 남자'라는 뜻이지만 처녀는 '아직 결혼하지 않은 여자'라는 뜻에다 '아직 성관계를 가져 보지 않은 여자'라는 이미지까지 더해지는 거예요. 그래서 여자는 당연히 결혼해서 첫날밤을 보낼 때야 처음 성관계를 한다는 의미에서 '처녀'라는 뜻이 '처음으로 하는 어떠한 행위'라는 단어로 사용된 것이죠.

'저출산(低出産)'은 어떤가요? 여기서 '산' 자는 '낳을 산(産)'자예요. 때문에 '저출산'은 여성이 아이를 적게 낳는다는 뜻으로 해석될 수 있죠. 자칫 인구 감소 문제의 책임이 여성들이 출산을 기피하기 때문인 것으로 비춰질 수 있답니다. 하지만 아이는 엄마 혼자 낳고 키우는 것이 아니에요. 엄마와 아빠, 더 나아가 사회가 함께 낳고 키워야 하지요. 때문에 출산율이 낮아지는 이유는 단지 엄마만의 문제가 아닌, 엄마와 아빠 그리고 우리 사회 전체의 문제죠. 이러한 의미에서 아이를 적게 낳는다는 뜻의 '저출산' 대신 적게 태어난다는 의미로 '저출생(低出産)'을 쓰자는 의견도 있답니다.

'유모차'(乳母車)는 어떨까요? '유모차'는 영유아들을 태우는 손수레처럼 생긴 차예요. 그런데 명칭에 '어미 모(母)'자가 들어가네요. 그렇다면 유모차를 아빠가 밀면 어떻게 되는 거죠? 이 말은 아이들은 엄마가 키워야 한다는 고정관념에서 비롯됐을 가능성이 커요. 그래서

유모차(X) 유아차(O)

'유모차' 역시 어린아이들이 타는 차라는 의미에서 '유아차(乳兒車)'로 불러야 한다는 의견도 있답니다.

이 성차별적인 단어들을 개선한 표현은 2018년 서울시가 시민들의 의견을 모아 전문가에게 자문을 받고 발표한 것이랍니다. 어쩌면 이 말들은 과거 성차별이 심각하던 시대에 만들어진 단어일 뿐이고 오늘날 현실이 반영된 것은 아니니 예민하게 반응할 필요는 없다고 여길 수도 있어요. 하지만 성차별적인 단어가 과연 과거만의 문제일까요?

이모지에 담긴
성 고정관념을 살펴보면

세계적인 IT 업체인 애플(Apple)은 지난 2015년 iOS 8.3 베타 버전을 통해 다양한 피부색의 이모지(emoji)를 공개했어요. 애플은 사람의 피부색을 백인, 황인, 흑인 등 6가지로 표현했죠. 백인이 다수를 차지하는 미국에 기반을 둔 애플이 소수 인종을 배려하려는 노력으로 나온 결과물이었죠. 하지만 소수 인종을 배려하겠다는 노력은 오히려 인종 차별 논란을 불러오게 됩니다. 황인을 노란색으로 표현했기 때문이에요. 아시아인은 '노란색'이라는 고정관념이 담겨 있다는 비판이 일은 거예요. '황인'이 아닌 '황달에 걸린 사람' 같다는 야유도 이어졌어요. 애플은 "노란색 이모지가 황인을 뜻하는 것은 아니다"라고 해명했어요.

3년 후 애플은 다시 한 번 이모지로 인한 홍역을 겪어야 했어요. 애플은 2018년 7월 17일 세계 이모지의 날을 맞아 자사 홈페이지의 경영진 사진을 '미모지'(Memoji)로 바꾸는 이벤트를 했어요. 미모지는 얼굴선을 정밀하게 묘사해 사용자를 닮은, 움직이는 이모티콘이에요. 그런데 이 미모지가 뜻밖의 논란을 불러왔어요. 애플의 경영진 중 백인 남성의 비율이 높았기 때문이에요. 경영진 11명 중 여성은 캐서린 애덤스 애플 부사장과 안젤라 아렌츠 소매 담당 부사장뿐이었어요. 나머지는 대부분 백인 남성이었죠. 일부 언론들은 애플이 백인 남성 중심이라는 의미에서 애플쏘화이트(Apple So White)라는 표현을 썼어요.

이모지에 대한 인종과 성차별 논란에 대해 애플은 다양성을 지지하는 방법으로 대응해 나갔어요. 애플은 동성애 부부와 입양 자녀로 구성된 가족, 남자 요기(yogi, 요가하는 사람)나 여성 싸이클 선수 등 기존 성 고정관념을 깨거나 소수자의 존재를 지지하는 이모지를 추가하기 시작했어요. 성 소수자의 상징인 레인보우 깃발 이모지도 만들었죠. 다양성에 대해 더 존중하는 방식으로 문제를 해결한 거예요.

애플의 경쟁자인 구글(google) 역시 다양성을 존중하는 방식으로 꾸준히 이모지를 개발하고 있죠. 2018년 발표한 구글의 스마트폰 운영체제인 안드로이드P에서는 계란이 빠진 샐러드를 추가했어요. 계란을 먹지 않는 채식주의자들까지 함께 즐길 수 있는 '모두를 위한 샐러드'를 표현한 거예요. 여기서 그치지 않고 남녀가 아닌 남남과 여여 등 동성애 커플을 나타내는 이모지도 추가했어요.

이모지는 아주 작지만 우리 일상에 깊숙이 자리 잡은 모바일 세대의 산물이에요. 초창기 이모지는 문자를 보조하는 수단에 불과했어요. 문장 끝에 스마일 이모지를 넣어 자신의 느낌을 강조하는 수준이었죠. 하지만 모바일 SNS가 발전하면서 이모지는 그 자체가 하나의 언어로 기능하게 되었어요. 예를 들어 학교 수업이 끝나가는 때에 친구에게 PC방에 가자는 연락이 왔다고 해볼게요. 숙제가 많아서 같이 놀 수 없다면 머리띠를 묶고 열심히 공부하는 이모티콘 하나만 보내도 충분히 내용을 전달할 수 있어요. 반대로 같이 놀 수 있다면 놀이 터로 달려가는 이모티콘을 보내면 되겠지요.

애플의 이모지가 논란을 불러온 것은 이렇듯 이모지가 단순한 그림이 아니라 우리의 언어가 되었기 때문일 거예요. 황인종을 노란색으로 표현하는 언어, 애플의 경영진 대부분이 백인 남성으로 표현되는 언어는 우리의 생각에 큰 영향을 미칠 것이니까요. 특히 전 세계 스마트폰 OS를 거의 100% 점유하는 애플과 안드로이드의 영향력을 고려하면 그들의 이모지는 영향력이 엄청날 수밖에 없겠지요.

애플이 차별 논란에 휩싸인 것은 차별에 익숙해 있던 기존 관념이 무의식적으로 표현되었기 때문일 거예요. 물론 애플이 전 세계에 미치는 영향을 고려한다면 좀 더 주의 깊은 행동이 필요했다는 아쉬움이 남아요. 하지만 그보다 더 중요한 것은 논란에서 어떠한 교훈을 얻었느냐가 아닐까요? 애플은 의도치 않게 휩싸인 논란에서 다양성을 더욱 존중해야 한다는 교훈을 얻었던 거죠. 그 결과, 사회의 다양한 이들을, 특히 소수자들을 존중하는 이모지를 개발하게 된 거고요.

성차별적 말부터
고쳐 나간다면 어떨까요?

많은 여성들이 단지 여자라는 이유로 취업을 못하고 겨우 취업해도 남자보다 훨씬 적은 임금을 받아요. 그나마 회사에서도 얼마 가지 못해 나가야 하는 상황을 겪기도 하지요. 많은 이들이 이렇게 여성의 삶에 직접 영향을 미치는 일들만 성차별이라고 생각해요. 하지만 이러한 성차별이 왜 발생하는지를 고민해 본다면 문제는 전혀 다른 부분에서 나타나는 걸 알 수 있어요.

여성이 남성보다 임금이 적은 것이 남성들이 여성보다 더 많은 임금을 받으려 해서일까요? 그렇다면 같은 일은 하는데도 여성보다 더 많은 임금을 받으려는 남성들을 단속하면 문제는 해결될 거예요. 하지만 우리는 이처럼 간단한 일을 수십 년 동안 해결하지 못한 채 앓고 있답니다. 아니 남성과 여성의 임금 차별은 임금을 받고 일하는 노동자가 생겨난 이래로 오늘날까지 계속해서 겪고 있는 문제예요. 그렇다면 문제는 더 깊숙한 곳에 있겠네요. 문제의 시작은 바로 우리의 무의식에 있을 거예요.

사람은 대상에 이름을 붙임으로써 비로소 그에 대한 생각을 하게 됩니다. 예를 들면 길을 지나며 항상 마주하는 가로수들도 '은행나무', '플라타너스', '메타세쿼이아' 등 이름을 붙여야만 그것들을 구분해 내요. 가까운 산에 올라가 보세요. 수많은 종류의 나무들이 있을 거예요. 하지만 우리는 이름을 알지 못하는 나무들은 잘 구별하지 못해요. 분명히 다르게 생겼는데 말이에요. 그런데 반대로 이름을 알고 있는 나무는 비슷하게 생겼어도 신기하리만큼 구별해 내죠. 우리는 언어를 통해 사고하고 그 언어가 우리를 둘러싼 사물을 이해하는 데 영향을 미치는 거예요.

결국 성차별은 성별에 따른 취업률이나 임금 격차와 같은 커다란 문제로 나타나지만 그 이면에 있는 원인은 우리가 하는 생각에 있어요. 당장 제도를 만들어 강제로 남성이든 여성이든 성 소수자든 모두 취업률을 동일하게 만들고 임금도 평등하게 맞춘다고 해서 성차별이 없어질까요? 그렇지 않답니다. 우리의 생각 속에 성차별이 남아 있다면 성차별은 취업률과 임금이 아닌 다른 무언가로 반드시 나타나게 될 거예요. 그렇기에 진정으로 성차별을 개선하려면 우리의 사고 체계부터 고쳐 나가야 해요.

이제 여배우가 아닌 그냥 배우, 여군이 아닌 그냥 군인, 여학생이 아닌 그냥 학생, 유모차가 아닌 유아차, 처녀작이 아닌 첫 작품이라는 단어를 사용해 볼까요? 성차별을 개선하는 건 우리가 사고를 하는 방식인 언어, 우리의 사고를 지배하는 언어부터 고쳐서 사용할 때 진정으로 이룰 수 있을 거예요.

함부로 대해도 되는
성별은 없다

여러분은 화장실에 들어갈 때 어디로 가야 하는지 고민해 본 적이 있나요? 고민한 적이 없다면 남성 또는 여성일 겁니다. 그런데 고민해 본 적이 있거나 화장실을 갈 때마다 고민된다면 아마도 성 소수자일 가능성이 크겠네요. 성 소수자는 남성과 여성으로 구분되는 다수의 사람들이 가지는 성적 정체성과 다른 성을 가진 이들을 뜻해요. 그래서 성 소수자들은 화장실 앞에 붙은 남성과 여성 표지판을 보면서 '나는 어디로 가야 하지?'란 생각을 할 수도 있어요. 둘 중 어디에도 해당되지 않는 기분이 들 수 있거든요.

흔히 성 소수자를 LGBTI라고 불러요. L은 여성 동성애자(Lesbian), G는 남성 동성애자(Gay), B는 양성애자(Bisexual), T는 성전환증자

(Transgender) 그리고 I는 해부학적으로 남성도 여성도 아닌 사람 (Intersex)을 뜻해요. 이쯤에서 "성별을 나누는 기준이 이렇게 많아!" 라며 놀라는 분들도 있을 것 같네요.

성전환증은 생물학적으로는 남성 또는 여성으로 태어났지만 성장 하면서 자신의 성 정체성을 여성 또는 남성으로 느끼는 현상을 말해 요. 성전환자는 성전환증으로 인해 자신의 성적 정체성을 바꾼 사람 을 뜻하고요. 흔히 성전환자라고 하면 생식기 등 신체 구조를 바꾸는 수술인 '성전환 수술'을 받은 사람으로 생각하는데 이것은 오해예요. 모든 성전환자들이 성전환 수술을 하는 것도 아니고 굳이 성전환 수 술이 필요한 것도 아니에요. 생물학적 남성으로 태어났지만 여성의 성 정체성을 느낀다면(MTF, Male to Female) 그에 맞춰 살아가면 되 는 것이죠. 반대로 생물학적 여성으로 태어났지만 남성으로서 성 정 체성을 느낀다면(FTM, Female to Male) 남성으로 살아가면 되고요. 매우 간단하지요. 생물학적인 성이야 어떻든 자신이 느끼는 성 정체 성에 맞게 살아가면 되는 것이니까요. 그런데 이렇게 간단한 문제가 고작 화장실 앞에 붙은 성별 표시 하나에 무너지고는 한답니다.

우리나라에서
성적 소수자로 살아간다는 것

2014년 개봉한 장진 감독의 영화 '하이힐'의 주인공은 남성으로 태어났지만 성 정체성을 여성으로 느끼는 성전환자(MTF) 윤지욱입니다. 공교롭게도 윤지욱은 우락부락한 근육에 무시무시한 싸움 실력을 갖춘 강력계 형사지요. 거친 남성 이미지를 가진 배우 차승원이 열연을 했고요. 극 중 윤지욱이 여장을 하고 엘리베이터에 타는 장면이 나와요. 188cm의 키에 떡 벌어진 어깨를 가진 차승원이 여장을 한 것부터 매우 일반적이지 않은 모습이지요. 그래도 워낙 곱게 차려입고 화장까지 해서 사람들은 크게 이상하다고 생각하지는 않아요. 하지만 여성이고자 했던 윤지욱의 희망은 전화 한 통으로 끝나 버립니다. 전화벨이 울리고 "여보세요."라고 말하자 엘리베이터에는 잠시 소란이 벌어집니다. 여장을 했지만 "여보세요."라는 목소리는 영락없는 남성의 그것이었으니까요. 만일 현실에서 차승원 같은 외모의 사람이 여장을 한다면 모두 이상한 눈빛으로 바라보겠지요? 그렇다면 그런 MTF가 화장실 앞에서 고민을 하다 여자 화장실에 들어간다면 어떤 일이 생길까요? 아마도 당장 성추행범으로 몰려 쫓겨나거나 경찰에 신고될 거예요.

실제로 2018년 6월 이와 유사한 사건이 발생했어요. 대전의 한 멀티플렉스 영화관에 입점한 화장품 매장 직원이 상가 관리자를 다급하게 찾았어요. "여장 남자가 여자 화장실에 들어갔어요. 갈색 긴 머리, 하늘색 남방에 빨간 미니스커트를 입었지만 분명 남자였어요." 상가 관리자는 곧바로 경찰에 신고했어요. 4분 만에 도착한 경찰은 여자 화장실 출입구 앞에서 잠시 대기하다 화장실에서 나오는 여장 남자를 발견했어요. 경찰은 곧바로 그를 체포했지요.

경찰은 남성을 몰카범으로 단정하고 수사를 시작했어요. 반면 남성은 정반대의 주장을 했답니다. 스트레스를 받으면 여장을 하고 거리를 돌아다니면서 해소하는데 그날도 스트레스를 풀기 위해 여장을 했다는 거예요. 그런데 화장실이 급했고 여장을 했으니 남자 화장실에 갈 수 없어 여자 화장실에 들어갔다는 거죠. 그는 확인해 보라며 자신의 스마트폰을 건넸어요. 경찰은 그의 스마트폰에서 몰카 사진을 찾지 못했죠.

경찰은 그래도 의심을 멈추지 않았어요. 화장실에서 사진을 지웠을 가능성을 제기하면서 스마트폰을 국립 과학 수사 연구원에 보내 디지털 포렌식 감정을 맡겼어요. 디지털 포렌식은 컴퓨터나 휴대폰 등 각종 저장 매체 등에 남아 있는 디지털 정보를 분석해서 범죄 단서를 찾는 수사 기법이에요. 하지만 국과수에서도 몰카 사진은 찾지 못했어요.

게다가 남성은 화장실에서 나오다 화장실 밖에서 기다리던 경찰에게 체포되었어요. 경찰이 화장실 밖에서 기다린 시간도 몇 분에 불과했고요. 정황상 그는 화장실 밖에 경찰이 자신을 기다리고 있는 것을 몰랐을 가능성이 크죠. 그렇기 때문에 몰카를 스스로 삭제했다는 경찰의 의심은 근거가 매우 부족해요.

그렇다면 남성은 정말로 크로스 드레서(cross dresser)일 가능성이 매우 높아요. 크로스 드레서는 자신이 느끼는 성 정체성과 다른 성의 옷을 입는 데 관심이 있는 사람을 뜻해요. 분류 기준에 따라 다르지만 크로스 드레서도 성 소수자의 한 종류예요. 남성이 여성 옷을 입는 것이 잘못일까요? 아니오, 그저 개인의 취향일 뿐이에요. 애초에 치마와 블라우스, 긴 머리를 여성의 스타일이라고 규정지은 것 자체가 대중의 시선일 뿐이에요. 대중의 생각과 다르다고 해서 잘못된 것은 아니잖아요. 이처럼 크로스 드레서들이 잘못한 것은 하나도 없는데 왜 그들은 화장실 앞에만 서면 고민을 해야 할까요. 그리고 무엇이 그들에게 여자 화장실에 들어갔다가 경찰에 체포될 위험과 남자 화장실에 들어갔다가 온갖 이상한 시선을 감수해야 할 수모 중 하나를 고르도록 강요하는 것일까요.

하지만 동시에 여장 남성의 여자 화장실 출입에 민감할 수밖에 없는 여성들의 입장도 고려해야 해요. 자신과 다른 성(性)을 가진 사람과 함께 화장실을 사용해야 하는 것은 아무래도 불편한 일일 테니까요. 남성과 여성 모두 불편하겠지만 여성의 경우 더욱 심할 거예요. 사회적으로 여성이 남성보다 사생활 노출에 대한 민감성이 훨씬 크기 때문이에요. 특히나 화장실에서 여성의 은밀한 모습을 몰래 촬영해 유포하는 범죄가 기승을 부리고 있기 때문에 남성과 함께 화장실을 사용하는 것에 대한 여성들의 불편 또는 불안감은 매우 클 거예요. 위 사건에서도 사람들은 여자 화장실에 들어간 여장 남자를 사람들은 불법영상물 촬영, 즉 몰래카메라를 찍기 위해 여자 화장실에 들어간 범인으로 의심했었어요.

하지만 이러한 문제는 불안 또는 불편함이에요. 대중 앞에서 자신의 성 정체성을 강제로 공개당하는(outing) 성 소수자의 인권 문제와 대등한 수준에서 다루어지기 어려운 문제예요. 게다가 몰래카메라나 성추행 등의 불안함은 기술적으로 해결이 가능하답니다. 화장실의 구조 등을 몰래카메라 촬영이 불가능하거나 어렵게 만들 수 있으니까요. 동시에 화장실 사용 문화를 개선하는 사회 운동도 병행되어야겠지요.

근래에는 화장실이 가진 이러한 문제를 해결하기 위해 성중립(gender free) 화장실이 대안으로 떠오르고 있어요. 성중립 화장실은 성별 구분 없이 누구나 함께 사용하는 화장실이죠. 성중립 화장실은 2010년 미국 캘리포니아 주에 있는 한 대학에서 트랜스젠더 학생이 화장실에서 다른 학생들에게 폭행당한 사건을 계기로 필요성이 제기되면서 본격적으로 도입되기 시작했어요. 이후 성중립 화장실은 스웨덴·캐나다 등으로 빠르게 퍼져 나갔죠. 미국은 버락 오바마 대통령 시절 백악관에 성중립 화장실을 도입해 운영했고 후임 대통령인 트럼프 대통령도 계속 유지하고 있어요. 일본은 2020년 도쿄 올림픽에 성중립 화장실을 도입하기로 했답니다.

성중립 화장실은 의외의 효과를 만들어 내기도 했어요. 2009년 영국 연구에 따르면 화장실이 같은 개수로 있어도 남자의 대기 시간은 40초인 반면 여자는 2분 20초에 달했다고 해요. 하지만 성중립 화장실에서는 남녀가 동일하게 1분이었어요. 성중립 화장실을 도입하면 명절에 고속도로 휴게소마다 남자 화장실 앞은 한산한 반면 여자 화장실 앞에만 긴 줄이 늘어선 모습을, 화장실을 더 설치하지 않고서도 해결할 수 있는 거예요. 반면 성중립 화장실이 성범죄를 증가시켰다는 통계는 나오지 않고 있어요.

하지만 아직 우리는 성중립 화장실을 낯설고 불편하게 생각해요. 그런데 사실 꽤 많은 사람들이 이미 성중립 화장실은 경험해 봤어요. 바로 비행기 화장실이죠. 비행기에는 성별에 따른 화장실의 구분이 없답니다. 비행기 화장실을 사용하면서 성별 구분이 없어서 불편함을 느끼는 사람은 없을 거예요. 이는 그것이 공용 화장실이라기보다는 개인 화장실의 성격이 더 크기 때문이에요. 성중립 화장실이 낯설고 불편하다는 것은 편견일 뿐인 거죠.

원래 화장실은 남성이나 여성이 아닌 성적으로 중립적인 공간이었어요. 하지만 어느 순간 화장실은 성별에 따라 구분해야 한다는 고정관념이 생긴 것 같아요. 그 고정관념이 성 소수자들을 차별하게 만든 것이지요. 지금이라도 그 고정관념을 버리고 성 소수자들과 함께 편안히 이용할 수 있는 화장실을 만들도록 노력하는 것이 더 좋지 않을까요?

이처럼 그동안 성 소수자들은 생물학적 성과 성 정체성이 일치하는, 이른바 시스젠더(cisgender)들의 고정관념이 만들어 놓은 사회 구조 속에서 계속 소외되고 고통받아야 했어요. 화장실 문제는 극히 일부분이죠. 성 소수자들의 고통을 해결하기 위해서는 시스젠더 중심으로 자리 잡은 우리 사회의 고정관념을 깨부수는 일부터 해야 할 거예요.

만일
소수에 속하지 않았어도 그랬을까요?

그런데 이 문제는 여기서 끝나지 않았어요. 앞의 사건 속 여장 남자는 명문 대학원에 재학 중인 학생이었어요. 명문대 재학생이 몰래카메라를 찍기 위해 여성으로 분장해 여자 화장실에 침입했다 적발되었다는 이야기는 언론에게 큰 관심을 불러일으켰지요. 수많은 언론사들은 이를 경쟁적으로 보도했어요.

"○○대 대학원생이 여장하고 여자 화장실에서 몰카 시도" (YTN)

"여자 화장실 몰카 설치한 여장 남자 정체는 '○○대 대학원생'" (연합뉴스)

"대전 영화관 여장 몰카범, 잡고 보니 ○○대 대학생⋯'충격'" (경향신문)

"○○대 남자 대학원생, 여장하고 여자 화장실에 '몰카' 설치" (오마이뉴스)

위와 같이 기사의 제목도 매우 선정적이었죠. 기사들은 하나같이 그를 몰카범으로 단정지었어요. 몇몇 언론사는 모자이크 처리를 하긴 했지만 검거 당시 사진을 보도하기도 했답니다. 심지어 사건이 발생한 멀티플렉스 건물에는 당사자의 얼굴이 명확하게 나온 사진이 게시되었어요.

명백히 현행법을 위반한 범죄자도 대중에게 얼굴을 공개하지는 않아요. 다만 예외적으로 흉악한 살인이나 강도 또는 재범률이 매우 높은 성폭행 범죄자들의 경우 주변 사람들이 경계해야 할 필요가 인정될 때 얼굴을 공개하지요. 얼굴은 개개인의 사생활에서 가장 중요한 부분이고, 그만큼 강하게 보호되어야 해요. 하지만 아직 범죄 여부가 밝혀지지도 않은 그의 얼굴을 공개해 버린 거예요.

남성, 00명문대 대학원생 그리고 사진. 이 정도면 그의 정보가 모두 공개된 것이나 마찬가지예요. 경찰과 언론들이 한 성 소수자를 아웃팅(outing)시킨 것이에요. 아웃팅은 성 소수자의 성적 지향이나 성별 정체성을 본인의 의사와 상관없이 밝히는 행위를 말해요. 반대로 본인 스스로 자신의 성적 정체성을 밝히는 것은 커밍아웃(coming out)

이라고 해요.

아웃팅은 성 소수자들에게는 매우 큰 폭력이랍니다. 예를 들어 여러분의 친구 중에 성 소수자가 있다고 생각해 보세요. 그 친구는 자신이 성 소수자인 것을 밝히고 싶지 않아 하고요. 그런데 여러분이 어느 날 느닷없이 "쟤는 게이예요!" 또는 "쟤는 레즈비언이에요!"라고 주위 사람들에게 말해 버린 거예요. 어느 순간에 자신이 감추려 한 성적 취향이 만천하에 공개된다면 그 친구가 받을 충격은 상상 이상이겠지요. 실제로 아웃팅을 당한 남성 동성애자가 자살 생각을 할 위험성은 커밍아웃 계획이 없는 남자 동성애자의 5.2배에 달한다고 해요.

게다가 이 남성은 단순히 아웃팅을 당한 정도가 아니에요. 자신의 사진과 명문대 대학원생이라는 신분이 온 국민에게 공개되었어요. 더욱이 몰카를 찍기 위해 여자로 분장하고 여자 화장실에 침입한 변태로까지 몰렸죠. 화장실에서 몰래카메라가 발견되지도 않았고 그의 스마트폰에서 관련 사진이 나오지도 않았다면 최소한 그를 몰카범이라 단정지은 것은 오보일 텐데도요. 그리고 이에 대한 정정 보도를 한 언론사는 단 한 곳도 없었어요.

몰카범일 것 같을 때는 성 소수자일 가능성을 무시한 채 일제히 보도하고 욕하다, 몰카범이 아님이 밝혀진 후에는 일제히 입을 다무는 사회를 어떻게 바라봐야 할까요. 만약 그가 성 소수자가 아니었어도 그랬을까요. 남자다운 외모를 가진 여성이 여자 화장실에 들어갔다가 남자로 몰려 경찰에 체포되고 변태 몰카범으로 언론에 보도되었다면 어땠을까요? 아마 그녀는 잘못된 기사를 바로잡아 달라는 정정 보도를 요청했을 거예요. 모든 언론사들은 잘못을 시인하고 잘못된 내용을 바로잡는 정정 보도를 했겠지요. 어쩌면 언론 보도에 의해 손해를 입었다며 손해 배상 청구로까지 이어졌을지도 모릅니다.

그런데 이 사건에서는 언론은 기사가 잘못되었다는 것을 알면서도 정정 보도를 하지 않았어요. 변태 몰카범으로 몰린 당사자 역시 정정 보도를 청구하지 않았고요. 성 소수자인 그가 사건이 더 이상 커지는 것을 원하지 않아 문제 제기를 하지 않아서였을 거예요. 그만큼 한국 사회에서 성 소수자들이 자신의 권리를 온전히 누리기 어렵다는 것을 보여 준 사건이지요.

살기 위해
맨몸으로 바다를 건너는 사람들

2015년 9월 2일 에이란 쿠르디는 터키 남서부 물라 주(州) 보드룸의 해안에 누워 있었어요. 빨간색 티셔츠와 청바지에 운동화를 신은 에이란은 영락없는 모래사장에 놀러 온 어린아이였어요. 얼굴을 비스듬히 모래밭에 대고 손발을 축 늘어뜨린 채 백사장에 엎드려 있는 에이란은 마치 모래사장에서 뛰어놀다 지쳐 잠든 아이 같았어요. 하지만 에이란이 자는 잠은 달콤한 낮잠이 아니었어요. 다시는 깰 수 없는 슬픈 잠이었어요. 고작 세 살이던 에이란의 죽음은 전 세계에 강한 충격을 주었답니다.

시리아에 살던 압둘라 쿠르디는 전쟁을 피해 아내 리한과 3살, 5살인 두 아들 에이란과 가립을 데리고 난민선에 몸을 실었어요. 원래는

캐나다로 이민을 가려고 했지만 후원 요청이 거절되면서 어쩔 수 없이 난민선에 몸을 실어야 했어요. 난민선은 그리스 코스섬으로 향할 예정이었어요. 하지만 낡은 선체에 너무나도 많은 난민을 태워 결국 터키 해안을 지나다 전복되고 말아요. 이 사고로 압둘라 쿠르디는 아내와 두 아들을 잃고 홀로 남겨졌어요. 터키 해안에서 잠자는 듯한 모습으로 발견된 에이란에게는 이런 끔찍한 사연이 있었어요.

시리아는 지중해에 위치한 중동 국가예요. 터키, 이라크, 요르단 등이 주위를 둘러싸고 있죠. 그런데 시리아에서 내전이 발발하면서 수

많은 난민들이 발생했지만 주변국들은 그들의 입국을 막았어요. 난민들은 어쩔 수 없이 배를 타고 지중해를 거쳐 유럽 국가들로 떠나야 했지요. 하지만 돈벌이에 급급한 브로커들은 난민들을 유럽에 보내 주겠다고 돈을 받고는 바로 침몰해도 이상하지 않을 낡은 배에 정원을 훨씬 초과하는 인원을 태워 출항시켰어요.

그러다 보니 난민선이 침몰하고 수많은 난민들이 물에 빠져 죽는 사건이 빈번하게 일어났어요. 이런 상황에도 유럽 국가들은 난민들을 수용하는 데 매우 인색했지요. 난민들을 수용하려면 비용이 발생하고 장기적으로는 자국 국민으로 받아들여야 할 수도 있기 때문이에요. 에이란의 죽음은 이와 같은 유럽의 이민 정책에 경종을 울리는 사건이 되었어요.

우리는 난민 문제에
얼마나 관심 갖고 있을까요?

미디어를 타고 전 세계에 보도된 에이란의 죽음에 많은 사람들이 슬픔과 충격에 빠졌어요. 한국 역시 예외는 아니었죠. 하지만 한국이 난민 문제를 유럽만큼 심각하게 받아들이지는 않았어요. 그때까지 한국은 난민 문제를 체감해 보지 못했기 때문이에요. 몇몇 난민들이 망명 신청을 해서 법적 다툼이 일어난 적은 있지만 유럽의 시리아 사태와 같은 대규모 난민 문제가 있었던 적은 없었으니까요.

난민은 인종, 종교 또는 정치적, 사상적인 이유로 박해를 받아서 이를 피하기 위해 외국으로 탈출하는 사람을 뜻해요. 에이란도 내전 때문에 목숨의 위협을 받아서 다른 나라로 탈출을 시도했던 거예요. 유럽이 시리아의 난민 문제에 특히 민감했던 것은 단지 지리적으로 가까워 난민들이 망명지로 유럽을 많이 선택했기 때문이에요. 그러므로 시리아 문제에 대해 "우리와는 먼 이야기야"라고 생각한다면 그건 큰 착각이랍니다. 지구상 어느 나라도 난민 문제에서 자유로울 수는 없어요.

아니나 다를까. 에이란 가족의 비극이 발생한 지 2년이 조금 지난 2018년에 우리나라에서도 난민 문제가 불거지기 시작했어요. 또 다른 중동의 내전 국가인 예멘에서 탈출한 난민 수백 명이 제주도에 입국한 거예요. 예멘에서는 2015년 3월부터 후티 반군과 사우디아라비아 동맹군의 지원을 받는 정부군 사이에 내전이 지속되고 있어요. 이 내전으로 1만여 명이 사망하고 200만여 명이 난민으로 전락하고 있지요. 이 예멘 난민들 중 일부가 비자 없이 90일 동안 체류할 수 있는 말레이시아로 도피했어요. 그랬다가 기한이 만료되자 다시 무비자로 입국할 수 있는 제주도로 발길을 돌린 거죠. 제주도는 관광객을 유치하기 위해 한 달을 체류할 수 있는 무비자 제도를 시행하고 있었어요. 난민은 매우 오래된 문제이고 에이란의 안타까운 죽음으로 전 세계가 충격을 받은 것만 해도 이미 2년도 넘은 시점이었어요. 그럼에도 당시 우리나라는 난민 문제에 전혀 준비되어 있지 않았답니다.

제주도에 입국한 난민들은 난민으로서의 지위를 인정받고자 했어요. 난민으로 인정을 받으면 한국에서 안정된 신분으로 살아갈 수 있게 된답니다. 하지만 정부는 이처럼 수백 명이 한꺼번에 난민 신청을 한 경험이 없기 때문에 매우 당황했죠. 난민 지위를 인정해 줄 수도 없고 무턱대고 돌아갈 곳도 없는 그들을 쫓아낼 수도 없었어요. 에이란 사건 이후 난민 문제에 민감해진 국제 사회의 시선도 신경이 쓰였죠.

정부가 예멘 난민의 문제에 대해 이러지도 저러지도 못하는 동안 시간만 흘러갔어요. 그 사이에 예멘 난민들은 제주도에 갇혀 살아가야 했어요. 무비자 입국은 제주도로 한정되기 때문에 제주도를 벗어날 수가 없었거든요.

그런 와중에 국민들 중 다수는 난민들을 곱지 않은 시선으로 바라보기도 했어요. 우리나라에 난민들을 받아들일 수 없다고 목소리를 높였지요. 청와대 국민청원 게시판에는 예멘 난민들을 수용해서는 안 된다는 청원이 올라왔고 무려 71만여 명이 서명했어요. 서울 광화문에서는 예멘 난민들을 수용해서는 안 된다는 집회가 열리기도 했고요. 심지어 그들을 예비 범죄자로 취급하는 이들도 있었어요. 예멘은 아랍권 국가로 이슬람 국가예요. 예멘 난민들도 대다수 이슬람교 신도들이죠. 그것을 이유 삼아 이슬람을 테러 집단이라고 비난하면서 난민들도 테러를 위해 한국에 입국했다고 주장하는 이들이 있었던 거예요.

이렇게 난민을 둘러싼 갈등이 깊어지던 중에 제주도에서 30대 여성이 실종되는 사건이 발생했어요. 많은 사람들이 제주도에 입국한 예멘 난민이 범죄를 저질렀을 가능성이 높다고 했지요. 난민들을 당장 내쫓아야 한다고 소리를 높였어요. 하지만 정작 경찰은 난민에 의한 범죄일 가능성은 낮고 실족사일 가능성이 크다고 발표했어요.

우리나라가 난민을 수용할지에 대해서는 충분한 토론이 필요해요. 그 과정에서 당연히 반대도 있을 수 있어요. 그리고 찬성이든 반대든 그것은 난민 정책에 대한 건전한 토론이어야 해요. 그래야만 우리가 난민에 대해 어떤 태도를 취할지 현명한 결정을 할 수 있고, 난민에 대한 정책적인 입장이 정리되어야만 원칙에 따른 난민 수용이 가능해지기 때문이에요. 난민에 대한 정책은 우리나라가 국제 사회의 일원으로서 국제 인권 발전에 기여하는 방향이 무엇인가를 기준으로 판단해야 해요.

하지만 제주도에 있는 예멘 난민을 둘러싼 비난은 대부분 난민 정책에 대한 비판이 아니었어요. 인종이나 종교와 같은 그들이 가진 개인적인 특성에 대한 비판이었죠. "이슬람교 신도이기 때문에 테러리스트다", "그들이 입국한 후 실종 사건이 생겼으니 그들이 범인일 가능성이 크다" 등 다분히 인종 차별적인 주장들이었어요.

국제 인권에 대해
우리가 취하는 태도는?

이처럼 인종과 종교에 대한 비난이 가해진다면 어떻게 될까요? 자칫 정부의 정책 역시 왜곡될 위험이 커져요. 실제로 우리나라의 난민 정책이 왜곡되었다고 의심되는 부분도 많이 있답니다. 국제 협약 중 '난민 지위에 관한 협약'이 있어요. 물론 우리나라도 가입되어 있고요. 국제 협약이 존재할 정도로 난민 문제가 심각하다는 것을 알 수 있죠. 이 난민 협약에 가입한 나라들의 난민수용률은 평균 38%예요. 난민 신청자 10명 중 4명이 난민으로서의 지위를 인정받는다는 뜻이죠. 그런데 한국의 난민수용률은 10분의 1 수준인 4%에 불과해요. 신청자 100명 중 4명만 난민으로서 지위를 인정받는다는 뜻이에요. 사실상 한국에서 난민으로서 지위를 인정받기는 불가능하다고도 볼 수 있어요.

난민 지위를 인정받느냐도 문제지만 그 과정에서 일어나는 문제는 더 심각해요. 제주도는 무비자로 입국할 수 있어서 난민들이 제주도라는 지리적 공간에만 있다면 비교적 자유롭게 행동할 수 있었어요. 하지만 인천 국제공항으로 입국한 난민들의 처지는 그렇지 못했답니다. 인천 국제공항에는 송환 대기실이 있어요. 창문 하나 없이 사방이 막힌 곳이죠. 인천 국제공항을 거쳐 한국에 입국하려 했지만 입국이 거절되어 본국에 송환될 사람들이 수용되는 곳이에요. 이곳에서 송환 대기자들이 숙식을 하는데도 마땅한 취침 시설이 없어서 평상 하나에 수십 명이 쪽잠을 자야 해요. 출입이 철저히 통제되는데도 세면도구가 지원되지 않아 물로만 씻어야 하죠. 심지어 칼이나 포크 없이 먹을 수 있는 음식만 제공되어서 거의 매 끼니를 햄버거와 콜라만 제공되기도 했어요.

시리아를 탈출해 한국에 온 한 난민은 인천 국제공항에 도착하자마자 난민 신청 의사를 밝혔어요. 자신이 살던 마을이 반군에 포위되어 군대에 강제로 끌려가 복무를 할 위험이 있다면서요. 하지만 인천 공항 출입국 관리소장은 그를 난민 인정 심사에 넘기지 않기로 결정했어요. 심사를 받을 수 없는 이유도 알려 주지 않았죠. 그러나 그는 고국으로 돌아갈 수 없었어요. 반군에게 넘겨지면 목숨을 잃을 수도 있거든요. 그렇게 입국도 출국도 못하는 신세로 기약 없는 송환 대기실의 생활이 시작되었어요. 그는 무려 7개월이나 송환 대기실에서 생활했죠. 그의 사정을 알게 된 몇몇 변호사들이 도와주어서 그는 가까스로 송환 대기실을 벗어날 수 있었어요. 만약 변호사들의 도움이 없었다면 계속 송환 대기실에서 생활하다 본국으로 보내져 비극적인 상황을 맞게 되었을지도 모릅니다.

난민은 자신의 나라로부터 버림받은 사람이에요. 그들이 고국을 떠난 것은 더 편한 생활을 하기 위해서가 아니에요. 생명의 위협에서 벗어나기 위해서지요. 나라로부터 버림받은 사람들을 죽음의 위협이 도

사리는 고국으로 돌려보내서는 안 되겠지요. 게다가 난민은 정치적인 이유 등으로 몇몇이 고국을 탈출하는 경우도 있지만 예멘이나 시리아와 같이 전쟁이 일어나 대규모 난민이 생기는 경우가 많아요. 전쟁은 인류에게 가장 끔찍한 재앙이고 당사국들의 노력만으로 해결하기는 어려운 문제입니다. 그렇기 때문에 난민 문제는 전 세계가 동참해 해결해야 해요. 이것이 '난민 지위에 관한 협약'이라는 국제 협약이 만들어진 이유이지요.

특정 국가의 난민에 대한 태도는 국제 인권 문제에 대한 그 나라의 태도를 보여 주는 척도가 되기도 해요. 그런데 앞에서 살펴본 것처럼 한국은 난민 신청을 해도 대부분 인정되지 않고 그들에 대한 대우도 매우 열악해요. 게다가 적지 않은 국민들은 종교나 인종에 대한 편견으로 그들을 혐오하기도 하고요. 그렇다면 국제 인권에 대해 한국은 낙제점에 가까운 점수를 받을 수밖에 없을 거예요. 아직까지 난민 문제를 심도 있게 고민해 볼 경험이 부족했다고 해도 이것은 매우 심각한 수준이랍니다. 난민 문제는 우리 모두 고민하고 개선해 나가야 할 삶의 부분이에요.

노인을 위한
나라는 없는 걸까?

· 노인 인권 ·

'노인 인권'은 무엇일까요? 단어 뜻 그대로 '노인'에 대한 인권이겠지요. 하지만 자세한 내용은 뭔지 감이 잘 안 오네요. 지금까지 살펴본 인권들, 예컨대 난민, 여성, 성 소수자, 청소년은 한국 사회에서 명확하게 차별받는 주체였어요. 하지만 어른인 노인이 차별받고, 그래서 인권을 보장해 주어야 하는 주체라는 것은 이해하기 어려울 수 있어요. 그렇다면 왜 '노인 인권'이라는 용어를 만들면서까지 '노인'들의 인권을 보장해야 하는 것일까요?

노인 인권은 노인 개개인 또는 노인이라는 전체 집단에서 불거지는 문제가 아니에요. 이러한 점에서 노인 인권은 다른 주체들의 인권과 구분돼요. 그리고 이 점이 노인 인권을 이해하기 어렵게 만들지요. 노

인 인권 문제는 노인 개인이나 집단의 특성보다는 '사회 관계 속 노인'
이라는 관계의 문제에서 주로 발생해요.

모든 관계와 단절된 채
홀로 죽어 가는 노인들

'고독사'라는 말을 들어 보셨나요? 고독사를 사전에서 찾아보면
"주변 사람들과 단절된 채 홀로 쓸쓸하게 사망하는 것"이라고 나와
요. 홀로 쓸쓸하게 죽음을 맞이했다고 모두 고독사는 아니에요. 쓸쓸
한 죽음의 이유가 주변 사람들과의 단절이어야 고독사이지요. 자다가
돌연사를 했거나 혼자 산행을 하다 실족사를 했다면 혼자 쓸쓸하게
죽더라도 고독사는 아니에요. 고독사는 인간관계가 모두, 심지어 친
척이나 가족과도 단절되어서 그의 죽음을 아무도 알지 못하는 경우를
뜻해요. 고독사도 인간관계의 문제이지요. 그리고 어떻게 죽음을 맞
이하느냐는 것은 인간의 존엄성과 매우 밀접한 관련이 있어요. 어떻
게 살아가느냐도 중요하지만 어떻게 죽느냐도 사람에게는 중요한 문
제이기 때문이죠.

고독사는 초고령화 사회에 접어든 일본에서 처음 사회 문제로 대두
되었어요. 근래에는 한국도 고령 사회에 접어들면서 심각한 사회 문
제로 거론되고 있답니다. 초고령 사회 또는 고령 사회가 되면서 고독

사 문제가 시작되었다는 것은 고독사가 노인과 밀접한 관련이 있다는 이야기랍니다. 그렇다면 고독사를 이해하기 위해서는 노인의 특성을 먼저 이해할 필요가 있겠네요. 노인들이 왜 고독사를 맞이하는지를 이해하면 그들의 인권 상황도 많은 부분 이해할 수 있고요.

2013년 부산 시내 주택가에서 숨진 지 5년도 넘은 것으로 추정되는 60대 할머니의 백골이 발견되는 사건이 일어났어요. 할머니는 보증금 700만 원, 월세 10만 원 주택에 세를 들어 살았어요. 집 주인은 월세가 밀려도 보증금이 남아 있어 크게 신경 쓰지 않았어요. 할머니에게는 유일한 가족으로 이복동생이 있었지만 10여 년 전부터 연락이 끊겼다고 해요. 할머니가 살던 집은 1층짜리 다가구 주택으로 3가구가 살고 있었지만 아무도 할머니를 신경 쓰지는 않았죠. 경찰은 할머니가 5년 여 전 난방이 되지 않는 집에서 추위에 떨다 사망했을 것으로 추정했어요.

부산의 할머니는 월세 10만 원짜리 주택에 살았고 평소 연락을 주고받던 지인은 아무도 없었어요. 심지어 돌아가신 지 5년이 넘도록 할머니가 사라진 것을 이상하게 여긴 사람조차 없었죠. 집세가 밀려 보증금 700만 원이 바닥날 때가 되자 집 주인은 할머니 집 문을 열어 보았어요. 그제야 겨우 할머니의 죽음이 세상에 알려졌지요. 난방도 되지 않는 좁은 방에서 외롭게 죽음을 맞이해야 했던 부산 할머니. 게다가 사망한 지 5년이나 지나서야 발견된 황당한 죽음. 그 쓸쓸한 죽음 뒤에는 가난과 인간관계의 단절이 있답니다.

빈곤과 고립의 절벽에 선
노인들

2017년 OECD는 '불평등한 고령화 방지' 보고서를 발표했어요. 이 보고서에 따르면 우리나라 66~75세 노인의 상대적인 빈곤율(중위 소득 50% 이하인 계층이 전체 인구에서 차지하는 비율)은 42.7%나 되었어요. 연령을 더 높여 76세 이상 노인의 빈곤율을 살펴보면 무려 60.2%에 달했죠. 이는 비교 대상 38개 회원국 중 1위에 해당되는 수치랍니다. 쉽게 이야기하면 76세 이상 노인 중 60% 이상이 빈곤한 상태라는 뜻이에요. 10% 미만 노인이 빈곤을 겪고 있다면 개인의 문제로 볼 수도 있을 거예요. 하지만 60% 이상의 노인이 빈곤에 힘들어한다면 이 것은 구조적인 문제로 보아야 해요.

노인들이 가난한 이유는 일자리가 대부분 청년층에 몰려 있기 때문이에요. 2018년 한국의 노인 실업률은 7.1%로 역대 최고치를 기록했어요. 같은 시기 우리나라 전체 실업률 3.7%와 비교하면 두 배에 가까운 수치죠. 하지만 취업 자체를 포기한 사람은 실업률에 집계되지 않으니 실제 노인 실업 문제는 더 심각할 거예요. 노인들이 청년들보다 취업 자체를 포기한 사례가 훨씬 많을 것이기 때문이죠. 일하고 싶어도 일할 수 없으니 가난할 수밖에 없어요. 게다가 노인들은 취업을 해도 대부분 저임금 일자리에 한정됩니다. 취업을 못해 가난하고 취업을

해도 급여가 적어 가난한 것이죠.

　다음으로 관계의 문제를 살펴볼까요. 부산 할머니가 사망한 지 5년
이 넘도록 아무도 몰랐던 이유는 할머니가 보이지 않는 것을 이상하
게 생각할 지인이 없었기 때문이에요. 할머니는 인간관계가 완전히
단절되어 살았던 것이죠. 그나마 자녀들이라도 있었으면 할머니의 죽
음을 발견하기까지 이렇게 오랜 시일이 걸리지는 않았을 거예요. 하
지만 우리나라에는 같이 살 친척이나 자녀들이 없거나, 있어도 관계
가 끊겨 혼자 살아야 하는 독거 노인들이 많아요. 통계청 발표에 따르
면 2018년 우리나라의 독거 노인 비율은 7.1%나 된다고 해요. 거의

노인 10명 중 1명은 혼자 살고 있는 거예요.

게다가 우리나라는 인간관계가 대부분 직장을 중심으로 만들어지므로 직업이 없는 노인들은 관계에서 더욱 소외되기 쉬워요. 마을에서 인간관계를 만들려고 해도 도시가 개발되면서 예전과 같은 지역 공동체들이 사라져 이마저도 쉽지 않아요. 결국, 직장 동료도 마을 친구도 없는 독거 노인들은 어느 날 죽더라도 아무도 알지 못하는 존재가 되어 버리는 거예요.

혹시 "그래도 고독사로 돌아가시는 노인들이 얼마나 되겠어?"라고 생각하는 분이 계실까요? 2017년 보험 연구원은 '고독사 증가와 일본 보험 회사의 대응 사례'라는 논문을 통해 '고독사 보험'의 도입이 필요하다는 주장을 했어요. '고독사 보험'이라고 하면 어떤 보험일까요? 외롭게 생을 마감하는 노인들을 위한 보험일 것 같지요? 이렇게 생각했다면 예상이 빗나갔답니다. DB손해보험은 2017년에 '임대주택관리비용보험' 일명 '고독사 보험' 상품을 출시했어요. 이 상품은 고독사, 자살 등으로 사망한 사람들이 살던 집 주인을 위한 보험이에요. 세입자가 사망했는데 시신을 수습할 지인이 없다면 결국 집 주인이 책임져야 하지요. 시신이야 무연고자로 국가에서 처리한다고 해도 고인이 남긴 유품은 집주인 말고는 처리할 사람이 없어요. 혼자 가난하고 외롭게 살다 돌아가신 분들의 유품 중 처분이 가능한 것은 많지 않을 거예요. 대부분 폐기해야 할 테고 그에 따른 비용이 필요하겠죠. '사람이 죽은 집이야' 같은 소문이라도 퍼진다면 다음 세입자를 찾는

데 어려움을 겪을 수도 있겠네요. 만약 부산 할머니와 같이 사망한 지 오랜 시간이 지나 발견될 경우 시신이 부패하면서 주택이 훼손될 수도 있어요. 이 경우에도 그에 따른 비용이 발생하지요. 마지막으로 고인이 월세를 밀린 상태에서 돌아가셨다면 집주인은 상속인도 없는 고인의 밀린 월세를 받을 방법이 없어지죠. '고독사 보험'은 이처럼 고독사가 생겼을 때 집 주인이 입는 피해를 보상하는 보험이에요.

이처럼 고독사에 의한 손해를 피하기 위한 보험이 등장할 정도로 우리 사회에서 고독사는 빈번히 일어나고 있답니다. 쓸쓸한 죽음에 앞서 그로 인한 피해부터 걱정해야 하는 우리 사회의 모습에 또 다른 쓸쓸함이 느껴지네요.

빈곤과 인권의 관계를 살피면

지금까지 노인 고독사를 통해 우리 사회에서 노인들이 겪어야 하는 고통에 대해 살펴보았어요. 우리나라의 많은 노인들은 가난과 인간관계 단절로 인한 고통을 겪고 있어요. 심지어 추운 겨울에 난방도 되지 않는 방에서 떨다 죽어도 5년이 지나야 발견될 정도로요. 노인 인권 문제의 핵심은 가난과 외로움이에요. 사람이 인간다운 삶을 살기 위해서는 최소한의 돈이 필요해요. 기본적으로 입고 먹고 자기 위해서 음식과 옷을 사고 집을 마련하는 것만으로도 상당한 돈이 필요하죠.

하지만 입고 먹고 자는 것이 보장된다고 해서 인간다운 삶을 살아간다고 할 수는 없어요. 그것은 동물의 삶과 다를 바가 없죠. 최소한의 문화생활을 누릴 수 있어야 인간으로서 존엄성을 유지할 수 있답니다. 그렇기에 빈곤하다는 것은 그 자체로 인간의 존엄성을 지킬 수 없는, 즉 인권이 제대로 보장되지 못하는 것이에요.

우리나라는 노인들의 기본적인 생활을 지원하기 위해 2008년부터 일정한 소득 이하의 65세 노인들에게 기초 연금을 지급하고 있어요. 월 20만 원씩 지급되던 기초 연금은 2018년 9월부터는 월 25만 원으로 인상되었지요. 그리고 2019년 4월부터는 소득에 따라 최대 월 30만 원까지 인상되었어요. 가난한 노인들에게 월 25만 원은 적지 않은 돈일 거예요. 하지만 수입과 재산이 전혀 없는 노인들의 빈곤 문제가 월 25만 원으로 해결되기는 어려워요. 그렇기에 이들을 위한 다양한 복지 정책이 반드시 도입되어야 할 거예요.

다음으로 관계의 문제를 살펴볼까요. 흔히 인간은 사회적 동물이라고 하죠. 사람은 자신의 자아를 사람들 간의 관계에서 찾고는 한답니다. 누구의 아버지, 자녀 또는 누구의 상사, 누구의 이웃처럼요. 이에 더해 사람들과의 관계는 외로움 문제와도 관련이 있어요. 사회적 동물인 사람은 사람들 속에 있지 않으면 외로움을 느끼게 됩니다. 독거 노인들이 겪는 가장 큰 어려움 중 하나가 바로 외로움이랍니다. 직장도 이웃도 자녀나 친척도 없는 독거 노인들에게 외로움은 "이러다 내가 죽어도 아무도 모르겠구나"라는 공포가 되기도 하죠.

　최근에는 사회 복지 공무원이 주기적으로 독거 노인들을 찾아가 말 벗을 해주는 서비스를 제공하기도 해요. 또는 지역 봉사 단체들이 독거 노인들에게 반찬 등을 제공하며 주기적으로 찾아뵙기도 하지요. 자주는 아니지만 주기적으로 찾아오는 사회 복지 공무원과 자원봉사자들에게서 위안과 행복을 느끼는 노인들이 매우 많답니다. 하지만 이 역시 노인들의 관계 단절을 막기 위한 단기적인 처방이에요. 결국 노인들의 관계 문제를 궁극적으로 해결하려면 지역 사회를 복원시켜 이웃을 만들고 가정을 복원시켜 가족을 만들어야 할 거예요. 그러기 위해서는 국가적인 차원에서 장기적인 계획이 필요하답니다.

사회의 무수한 차별의 얼굴 찾기
그리고 평등과 인권 사이

"모든 국민은 법 앞에 평등하다. 누구든지 성별·종교 또는 사회적 신분에 의하여 정치적·경제적·사회적·문화적 생활의 모든 영역에 있어서 차별을 받지 아니한다."

우리나라 헌법 제11조 제1항이에요. 이렇듯 헌법은 '모든 사람이 법 앞에 평등함'을 선언한답니다. 헌법 제11조 제1항이 앞에서는 '평등'을, 뒤에서는 '차별'을 이야기하고 있는 것에서 알 수 있듯 차별은 평등을 침해하는 행위예요. 그래서 흔히 "평등권 침해의 차별 행위"라고도 말하지요.

지금까지 우리가 살펴본 '인권이 보장되지 못하는' 수많은 사례들은 대부분 차별에서 생겨난 일들이에요. 여성의 선거권을 부정하는 것은 성별에 따른 차별, 청소년의 권리를 부정하는 것은 나이에 따른 차별, 외국인에게 부당한 대우를 하는 것은 국적에 따른 차별에 해당하죠. '인권'과 '평등'이 같은 말은 아니지만 '평등'이 제대로 이루어진다면 '인권' 역시 많은 부분이 보장될 수 있을 거예요.

인권은 인간의 존엄성이 보장될 때 비로소 지켜질 수 있는 거잖아요. 그런데 인간의 존엄성은 우리가 다른 사람을 우리와 동등하게 대하고 존중할 때 지켜질 수 있기 때문이에요. 즉, 평등한 사회가 되어야만 인간의 존엄성을 지킬 수 있는 것이지요.

차별 금지법,
사회와 사람을 보호하기 위한 법 조항

이러한 이유로 평등권을 침해하는 차별을 금지하는, 즉 '차별 금지'는 세계적으로 인권 분야에서 가장 중요하게 여겨지는 영역이에요. 인권 선진국이라 불리는 유럽연합(EU) 국가들은 전부 '차별 금지법'을 제정했어요. 독일은 유럽연합 국가 중 가장 늦게 차별 금지법을 제정한 국가예요. 독일이 '일반평등대우법'이라는 이름의 차별 금지법을 제정한 것이 2006년의 일이에요. 그러니 모든 유럽연합 국가들은 차별 금지법이 생긴 지 10년도 훌쩍 넘는 역사를 가지고 있는 거죠.

그렇다면 우리나라는 어떨까요? 안타깝지만 아직까지 '차별 금지법'을 제정하지 못하고 있답니다. '차별 금지법'은커녕 '인권법'도 제정하지 못하고 있어요. '차별 금지법'은 합리적인 이유가 없는 차별을 금지하도록 하고 이를 위반했을 때 처벌까지 할 수 있는 법이에요. 이에 비해 '인권법'은 인권 전반을 규정하고, 보호의 필요성을 규정하는, 일종의 선언적인 법률이라고 할 수 있어요. 선언적인 법률임에도 인권법조차 제정하지 못하고 있지요. 그나마 다행인 것은 국가인권위원회의 설치 규정인 '국가인권위원회법'에 '인권', '평등권 침해의 차별 행위', '장애' 등 기초적인 개념이 정의되어 있다는 것이지요.

'차별 금지법'과 같이 인권 침해 행위를 포괄적으로 규제할 수 있는 법률이 없다 보니 인권 침해가 일어나면 개별적으로 대응해야만 해요. 예를 들면 직장에서 여성이라는 이유로 차별을 받으면 '남녀고용평등과 일·가정 양립 지원에 관한 법률'에 따라서 대응하고, 혹은 국적이 다르다는 이유로 욕설을 한다면 형법의 '모욕'이나 '명예훼손'으로 고발이나 고소를 해야 하죠. 이처럼 행위를 규제하는 법률이 있다면 처벌할 수 있겠지만 그렇지 않은 경우도 상당히 많아요. 대부분의 경우는 법적인 대응을 할 수도 없답니다.

우리나라는 성 소수자들이 중심이 되어 축제를 벌이는 '퀴어 축제'가 매년 열리고 있어요. 2019년 6월 1일에는 20주년을 맞아 서울에서 대규모로 치러졌지요. 그런데 퀴어 축제가 있을 때마다 몇몇 성 소수자 반대 단체들이 찾아와 축제를 방해하고는 해요. 이들은 참가자들을 폭행하는 등 물리적으로 행사를 방해하고 성 소수자들을 혐오하는 발언을 퍼부어 축제에 훼방을 놓았어요. 그런데 사람을 때렸다면 폭행 혐의로 고발하면 되지만 '성 소수자 혐오 발언'은 처벌할 수 없는 것이 현실이에요. 처벌할 법적 근거가 없거든요.

하지만 퀴어 축제에 와서 성 소수자들을 비난하는 행위는 엄연히 성적인 정체성을 이유로 차별하는 것이고, 이것은 심각한 인권 침해에 해당해요. 만약 '차별 금지법'이 있었다면 성 소수자들을 비난하는 행위를 차별 행위, 즉 인권 침해 행위로 규제할 수 있을 거예요. 하지만 차별 금지법이 없는 우리나라에서는 모욕죄와 같이 해당 행위를 규제하는 개별법이 없다면 처벌할 방법이 없답니다. 게다가 욕설을 하지 않는 이상 모욕죄를 적용하기가 어려운 것 또한 현실이랍니다. 앞서 살펴보았듯이 "모든 국민은 법 앞에 평등하다."는 헌법 규정을 명확히 위배한 행위인데도 어떠한 법률적인 제재를 받지 않는 거죠.

차별 행위를 금지할 수 없다는 것은 우리의 인권이 언제든 침해될 위험이 있다는 뜻이에요. 그렇기에 인권을 한층 더 보장하기 위해서 '차별 금지법'의 제정은 우리 사회가 꼭 이루어야 할 숙제랍니다.

CHAPTER 04

청소년의 인권,
아는 만큼
지킬 수 있어요!

인권은 한자로는 '人權'이고 영어로는 'human rights'이에요. '人'과 'human'은 모두 '사람'을 뜻하고 '權'과 'rights' 역시 '권리'를 뜻하죠. 인권은 글자 그대로 "사람으로서 당연히 누려야 할 권리"예요. 이처럼 '인권'은 보편적인 개념인데도 '장애인 인권'이나 '성 소수자 인권'과 같이 특정 영역의 인권이 별도로 구분되기도 해요. 이는 장애인이나 성 소수자들의 인권이 더욱 빈번히 침해되기 때문이에요. 특히 취약한 그들의 인권을 별도로 구분해 더 강하게 보호하기 위함이지요.

'청소년 인권' 역시 이와 같은 의미에서 구분해 보아야 해요. 그런데 '청소년'은 '장애인' 또는 '성 소수자' 등 다른 세부 인권 영역과 성격이 명확히 달라요. 장애인이나 성 소수자 같은 인권 영역은 그들이 지닌 신체적, 정신적 특성에 따라 구분되지요. 하지만 청소년은 특성이 아닌 나이에 따라 구분됩니다. 다시 말해 청소년은 특정 나이 때가 되면 누구든 해당되는 보편적인 집단인 것이에요.

그렇다면 보편적인 집단인 '청소년'의 인권 보장에 대해 왜 따로 보아야 할까요? 그것은 우리 사회가 청소년을 성인과 비교되는 집단으로 규정하고, 온전한 권리와 권한을 인정해 주지 않기 때문이에요. 인권이란 인간이라면 누구나 보편적으로 인정받아야 하는 권리지만 유독 청소년에게는 예외가 발생하는 것이죠.

이제 우리나라 청소년에게 어떤 차별과 제도적인 문제가 일어나고 있는지 살펴보려고 해요. 앞서 인권의 역사와 생활 속 다양한 영역을 살펴보면서 인권에 대한 개념과 해석을 들여다보았다면 이제 실질적으로 현재 청소년 여러분이 정당하게 누릴 권리에 대해 이야기하려고 합니다. 지금을 살아가는 청소년들에게 반드시 필요한 이야기가 될 거예요.

청소년의 인권,
아는 만큼
지킬 수 있어요

일하는 청소년을
왜 노동자로
보지 않는 걸까?

　혹시 '횡령'이라는 범죄를 들어 보셨나요? 형법에 따르면 횡령은 다른 사람의 재물을 보관하는 사람이 그 재물을 빼돌렸을 경우에 발생하는 범죄예요. 예를 들면 여러분이 설날에 받은 세뱃돈을 엄마가 "대신 보관해 줄게."하며 가져간 경험이 있지요? 이렇게 보관하던 자녀의 세뱃돈을 엄마가 마음대로 사용한다면 횡령이 될 수 있어요(다만 부모 자식 간에는 횡령죄가 성립되지 않으니 너무 걱정하지 않아도 된답니다.). 횡령죄의 형량은 5년 이하의 징역 또는 1천 500만 원 이하의 벌금으로 상당히 무거워요. 참고로 폭행죄의 형량은 2년 이하의 징역, 500만 원 이하의 벌금이랍니다. 횡령이 폭행보다 두 배 이상 무거운 범죄라고 할 수 있겠네요.

그런데 청소년이 편의점에서 아르바이트를 하다 자칫 횡령범으로 몰릴 위험성이 있다면 선뜻 이해가 가시나요? 편의점 아르바이트생이 횡령을 한다면 아마도 상품이나 금고에 있는 돈을 빼돌리는 경우일 거예요. 그런데 편의점 점주에게는 아르바이트생의 이름이나 주소, 연락처 같은 신상 정보가 모두 있어요. 게다가 요즘에는 CCTV가 없는 편의점이 없지요. 아르바이트생이 물건이나 돈을 훔친다면 걸리지 않을 수 없어요. 그럼에도 자신이 일하는 편의점에서 횡령을 할 아르바이트생이 있을까요?

하지만 현실에서는 편의점에서 아르바이트를 하다 횡령범으로 몰리는 경우가 종종 있답니다. 편의점은 근무 환경이 가장 열악한 아르바이트 직종 중 하나예요. 거의 서서 일해야 하고 상품이 들어올 때면 무거운 물건을 옮기고 큰 매장을 혼자 책임지는 일도 대부분이지요. 24시간 영업을 하다 보니 야간 근무도 많아요. 그럼에도 임금은 대부분 최저 임금 수준이죠. 더욱 안타까운 것은 편의점에서 임금 체불이 상당히 많이 일어난다는 거예요. 고용노동부는 2017년 상반기에 임금 체불 등과 관련해 일제히 점검했었는데요. 편의점의 임금 체불률은 무려 39%에 달했어요. 편의점 세 곳 중 한 곳 이상은 임금을 제대로 주지 않았다는 거죠. 이렇다 보니 편의점에서는 점주와 아르바이트생 간에 밀린 임금을 두고 다투는 경우가 많아요.

삼각김밥 하나로
횡령죄를 묻는 속사정

2017년 8월 편의점 점주들이 모여 만든 인터넷 카페에 당황스러운 글이 올라왔어요. 편의점 점주가 임금 체불로 인해 아르바이트생과 다툼이 생길 것에 대비해 횡령 자료를 만들어 둔다는 내용이었어요. 특히 아르바이트생이 임금 체불로 신고하면 곧바로 횡령죄로 맞고소를 하면 된다는 얼토당토않은 주장이었죠. 내용을 자세히 살펴볼까요?

편의점에는 즉석 도시락이나 삼각김밥처럼 유통기한이 짧은 식품들이 있어요. 이런 식품들은 유통기한 내에 판매되지 않아도 편의점 본사에서 반품을 받아 주지 않아요. 편의점 측에서 유통기한이 지난 도시락이나 삼각 김밥을 폐기 처분할 수밖에 없죠.

하지만 유통기한은 판매할 수 있는 기간이지 먹을 수 있는 기한은 아니에요. 유통기한이 지난 음식도 너무 오래되어 상한 것이 아니면 먹어도 된답니다. 때문에 편의점 아르바이트생들은 유통기한이 지나서 폐기해야 하는 도시락이나 삼각김밥으로 끼니를 때우고는 해요. 대부분 점주에게 미리 이야기를 하고 먹죠. "사장님. 혹시 유통기한 지난 음식은 제가 먹어도 될까요?" 이런 식으로요. 물론 대수롭지 않게 생각하고 '어차피 폐기할 음식인데'하는 마음에서 점주에게 물어보지 않고 먹는 경우도 더러 있어요.

점주들의 카페에 올라온 글은 이렇게 아르바이트생이 유통기한이 지난 음식을 먹는 모습이 담긴 CCTV를 저장해 두었다가 임금 체불로 신고를 하면 횡령으로 맞고소를 하라는 것이에요. 물론 유통기한이 지난 식품도 폐기하기 전이면 엄연히 점주의 재산인 것은 맞아요. 편의점에 보관된 점주의 재산을 함부로 먹으면 횡령이 성립할 수는 있지요. 그런데 팔지 못하고 뻔히 폐기할 음식인데 아르바이트생이 식비를 아끼려고 먹은 것을 횡령으로 고소한다는 것은 지나친 일이지 않을까요?

게다가 평소에는 어떠한 문제도 삼지 않다가 점주가 당연히 지불해야 할 임금을 주지 않아 신고를 하면 맞고소용으로 횡령죄를 꺼내

드는 것은 너무 지나친 것 같아요. 심지어 어느 편의점 점주는 아르바이트생이 일이 끝나고 퇴근하면서 소지품을 담기 위해 비닐봉지를 한 장 썼다고 횡령 혐의로 고소를 했어요. 물론 임금 체불 신고에 대한 대응 수단이었죠.

이런 일이 비단 편의점에서만 일어날까요? 어떤 청소년은 9개월 동안 국밥집에서 아르바이트를 했어요. 규모가 큰 국밥집이 아니어서 주로 홀에서 서빙을 했지만 일손이 부족할 때면 주방일도 도왔어요. 국밥집이었기에 주방은 언제나 뚝배기를 끓이는 불로 열기가 대단했죠. 항상 갈증이 나서 물을 벌컥벌컥 들이켰는데, 가끔은 물 대신 사이다를 마시기도 했답니다. 그 사이다는 초장을 만들 때 감칠맛을 내려고 쓰던 사이다였어요. 초장에 조금 넣고 남은 사이다는 시간이 지나면 김이 빠져서 쓸 수 없게 된답니다. 그 사이다를 주방에 있는 아주머니들이 마셨는데 가끔은 아르바이트를 한 청소년도 마셨어요.

이 청소년은 9개월 동안 열심히 일했고 퇴직하는 과정에서 주휴 수당을 제대로 못 받았다는 것을 알게 되었어요. 주휴 수당은 결근 없이 1주일을 모두 출근하면 하루치 월급을 더 주는 거예요. 주휴 수당은 근로기준법에 의해 반드시 지켜야 하는 규정이지만 많은 청소년들이 주휴 수당을 몰라서 못 받고는 하지요. 이 청소년도 주휴 수당에 대해 제대로 몰랐던 거예요. 다행히 퇴직할 때 주휴 수당을 알게 되어서 사장님께 밀린 주휴 수당을 달라고 한 거죠.

근로기준법은 "사용자는 근로자에게 1주에 평균 1회 이상 유급 휴

일을 보장하여야 한다"고 하여 주휴 수당을 반드시 지켜야 하는 강제 사항으로 규정해요. 심지어 이를 위반하면 사용자는 2년 이하의 징역 또는 2천만 원 이하의 벌금에 처하게 되지요. 그런데 청소년이 주휴 수당을 달라고 하자 사장님은 사이다를 몰래 마신 것을 경찰에 고발하겠다고 협박했어요. 국밥집 사장님도 평소 청소년이 사이다를 먹는 장면이 담긴 CCTV를 모아 두었던 거예요. 물론 임금 체불로 신고를 했을 때 맞고소용으로 사용하기 위해서였지요.

왜 유독 청소년만
부당한 대우를 받는 걸까요?

여성가족부가 2018년 초 청소년을 아르바이트생으로 고용하는 업소를 점검했습니다. 이중 절반가량(232곳 중 104곳)이 근로 조건을 명확히 하지 않거나 임금을 주지 않는 등 부당 행위를 하는 것으로 나타났어요. 일하는 청소년 두 명 중 한 명은 부당한 대우를 받을 위험이 있다는 거예요.

도대체 왜 이런 일들이 일어나는 것일까요? 몇 가지 이유를 생각해 볼 수 있어요. 첫째는 청소년들이 일하는 사업장이 대부분 영세하다는 거예요. 규모가 큰 사업장은 인사 규정이 어느 정도 정립되었고 노동조합이 있는 경우도 많아요. 노동자와 관련된 많은 일들이 규정에 따라 처리되므로 삼각김밥을 하나 먹었다고 형사 고발하는 일이 생기기는 어렵죠. 그리고 노동자가 부당한 대우를 받으면 노동조합이 나서서 사장에게 항의를 하기 때문에 사장이 초장을 만들고 남은 사이다를 마셨다고 노동자를 고발하겠다며 협박하기도 어려울 거예요. 하지만 같은 국밥집인데도 주방에서 일하는 아주머니가 사이다를 마시는 것에는 아무런 이의를 제기하지 않고 청소년 아르바이트생만 문제 삼는 것을 보면 사업장 규모의 문제만은 아닌 것 같아요.

다음으로 생각해 볼 것은 청소년이 이런 부분에 대해 잘 모르고 어려서 노동자로 인정해 주지 않는 시각이 있다는 점이에요. 앞에서 언급했듯 청소년 중에는 주휴 수당을 몰라서 받지 못해도 모르는 경우가 많아요. 청소년들은 노동자의 권리에 대해 잘 모르기 쉬운데 학교에서 이에 대해 가르쳐 주지 않고 일을 한 기간이 어른들처럼 길지 않아서 경험도 부족하기 때문이에요.

근로기준법 같이 노동자의 권리를 규정해 놓은 법률은 더더욱 알기 어렵겠네요. 그렇기 때문에 사장님이 주휴 수당을 주지 않아도, 휴게 시간을 지키지 않아도, 초과 근무 수당을 주지 않아도 청소년들은 자신이 부당한 대우를 받았다는 것조차 모르는 경우가 많답니다. 게다가 아직도 유교 문화가 크게 영향을 끼치는 우리 사회에서 청소년들은 대부분 어른인 사장님에게 자기 권리를 당당하게 주장하기를 어려워해요. 반면 사장님들은 자신보다 어린 청소년에게 나이를 내세운 권위로 억압하기도 하지요.

아르바이트생,
청소년 노동에 대한 부당한 처우를 담은 말

이처럼 청소년들은 노동자의 권익을 적극적으로 주장하기 어려운 영세 사업장, 청소년을 온전한 하나의 인격체로 대우해 주지 않는 사회 문화 속에서 일하고 있어요. 그런데 이보다 더 큰 문제가 있답니다. 여러분은 지금까지 이 글을 읽으면서 무엇인가 불편함을 느끼셨나요? 별로 못 느끼신 분이 더 많을 거예요. 제가 글을 쓰면서 불편함을 느끼기 바란 부분은 바로 "아르바이트생"이라는 말입니다. 우리는 흔히 일하는 청소년을 '노동자'라고 부르지 않고 '아르바이트생'이라고 불러요. 보통 아르바이트는 파트타임 일자리를 뜻하는데, 청소년이 하는 일은 그것이 파트타임인지 전일제인지 상관없이 대개 아르바이트라고 칭하지요.

'아르바이트'는 독일어의 'Arbeit'에 따온 말인데요. 'Arbeit'는 '노동'이라는 뜻이에요. 독일어의 '노동'이라는 단어가 어떻게 한국에 와서는 파트타임 일자리를 뜻하게 되었는지 정확히 알 수는 없어요. 그런데 청소년에게는 '아르바이트'에서 끝나지 않지요. 여기에 '생'이란 글자가 붙어요. '생(生)'은 '학생(學生)'의 '생'자만 가지고 와 만든 접미사예요. 어떠한 행위에 붙어 그것을 하는 학생이라는 뜻이지요. 예컨대 고시 공부를 하는 학생은 '고시생', 대입을 준비하는 학생은 '수험

생'처럼요. 그렇다면 '아르바이트생'은 '파트타임으로 일하는 학생'이라는 뜻이 되겠네요.

여기에는 '삶을 영위하기 위해', 쉽게 말하면 '먹고살기 위해' 일하는 것이 아니라는 의미가 숨어 있어요. 즉 학생이라는 본업은 따로 있고 용돈벌이로 일한다는 것이지요. 그리고 '노동자로 인정해 주지 않겠다'는 의미도 숨어 있고요. 하지만 청소년과 학생은 동의어가 아니에요. 청소년이지만 학생은 아닌 이들도 얼마든지 있답니다. 당연히 본업이 학생이 아닌 노동자인 청소년도 얼마든지 있고요. 그들을 '아르바이트생'이라고 부르는 순간 우리는 그들의 존재를 부정하는 것이에요.

그렇다면 일하는 청소년들이 노동자로서 온전한 권리를 인정받기 위해서는 어떻게 해야 할까요? 우선 이제 더 이상 '아르바이트생'이라는 단어는 사용하지 말아야 해요. 그들도 동일하게 노동자가 되어야 하니까요. 이에 더해 아직 노동의 경험이 부족한 청소년들에게 노동자의 권리를 알려 주어야 해요. 이것을 학교에서 배우는 것이 가장 좋겠지요. 우리나라는 중학교까지가 의무 교육이니 최소한 중학교에서 이루어져야 할 거예요. 만약 고등학교에서 교육이 이루어진다면 중학교 졸업 후 노동자의 삶을 살아가는 청소년들은 노동자의 권리를 배울 기회가 없을 테니까요. 그리고 무엇보다도 사장님들이 청소년을 한 명의 당당한 노동자로 대우해 주는 것이 중요해요.

십 대 청소년이
일할 때 꼭 알아야 할 10가지

이제 당당한 노동자로서 청소년들이 일할 때 꼭 알아야 하는 10가지를 살펴볼까 해요. 첫 번째는 일할 수 있는 나이예요. 근로기준법은 15세 미만 청소년의 노동을 원칙적으로 금지해요. 성장기인 어린 청소년들이 노동을 하면 건강이나 정서 면에 많은 위험이 따르기 때문이에요. 다만 13~15세 청소년 중 취직 인허증을 발급받은 경우에는 예외적으로 노동을 할 수 있어요. 취직 인허증은 지방고용노동관서에서 발급해 준답니다.

두 번째는 청소년이 취업할 때는 반드시 부모님 등의 동의서와 나이를 알 수 있는 증명서를 갖춰야 해요. 15세 이상 청소년은 누구나 일할 수 있지만, 부모님이나 친권자 또는 후견인의 동의는 받아야 합니다. 나이를 알 수 있는 증명서는 주로 가족 관계 증명서나 기본 증명서를 사용해요.

세 번째는 근로 계약서예요. 근로 계약서는 사장님과 일을 시작하면서 사용자와 노동자의 관계를 규정하는 서류예요. 근로 계약서에는 임금(계산방법, 지급방법), 근로 시간, 휴일, 휴가, 업무 내용 등이 반드시 포함되어야 해요. 근로 계약서는 만약 나중에 임금이나 근로 내용 등에서 사장님과 다툼이 발생했을 때 문제를 해결하는 가장 중요한 기준이 될 수 있어요.

네 번째는 최저 임금이에요. 2020년 최저 임금은 시간당 8,590원이에요. 월급으로 계산하면 1,795,310원이죠. 간혹 최저 임금은 성인에게만 적용되고 청소년에게는 더욱 낮은 임금을 줘도 된다고 잘못 아는 경우가 있어요. 최저 임금은 성별이나 나이 등 어떠한 조건과도 상관없이 모두 동일하게 적용된답니다. 청소년이라고 해도 시간당 8,590원의 최저 임금 이상은 반드시 받아야 해요.

다섯 번째는 근로 시간입니다. 네 번째에서 청소년도 성인과 동일한 최저 임금이 적용된다고 했죠. 하지만 근로 시간은 성인과 다르게 적용돼요. 성인은 하루 8시간이 법정 근로 시간이지만 청소년은 하루

7시간이 법정 근로 시간이랍니다. 아직 육체적으로 완전히 성장하지 않은 청소년들에게 성인과 동일한 시간으로 일하면 여러 가지 부작용이 생길 수 있기 때문이에요.

여섯 번째는 휴일(휴일근무)이나 퇴근 시간 이후에 근무(초과 근무)를 하면 50%의 가산 임금을 받아야 한다는 거예요. 쉽게 이야기하면 원래 받아야 하는 임금이 1만 원이라면 휴일 근무나 초과 근무를 할 때는 1만 5천 원을 받아야 하지요.

일곱 번째는 주휴 수당이에요. 용어가 좀 어렵죠? 주휴 수당은 일주일에 하루는 일하지 않으면서도 임금을 받는 거예요. 다만 주휴 수당에는 몇 가지 조건이 있어요. 우선 일주일에 15시간 이상 근무를 해야 해요. 15시간 미만 근로자는 단시간 근로자로 분류되어서 주휴 수당이 적용되지 않아요. 그리고 주휴 수당은 일주일마다 정산이 되며, 일주일 중 출근하기로 한 날에 모두 출근하면 개근이 됩니다. 주 5일 근무와 상관없이 3일을 일하든 5일을 일하든, 일하기로 한 날에 전부 출근하면 되는 거지요. 정리하면 주 15시간 이상 일하는 노동자가 일주일당 개근을 했다면 하루는 일하지 않아도 임금을 받을 수 있는 권리가 주휴 수당이에요.

여덟 번째는 청소년은 위험한 일을 다루는 곳이나 유해 업종에서 일할 수 없어요. 유흥 주점, 단란주점, 비디오방, 노래방, 전화방, 오락실, 도박장, 소각장, 도축장, 유류 취급장(주유소 제외) 등 청소년에게 유해하거나 위험한 업종에서는 청소년을 채용할 수 없답니다.

아홉 번째는 산재 보험이에요. 산재는 산업 재해의 줄임말인데, '일하다 다친 것'을 생각하면 된답니다. 직장에서 일하다 다쳤다면 누구든지 산재를 신청할 수 있어요. 간혹 사장님이 보험에 가입하지 않아서 산재 보험을 적용할 수 없다는 경우가 있어요. 하지만 산재 보험은 사후 가입도 가능해요. 산재 보험에 가입되지 않은 상태에서 다쳤다고 해도 부상당한 후 산재 보험에 가입할 수 있기 때문에 산재 보험 가입 유무는 중요하지 않답니다.

마지막 열 번째는 청소년이 노동을 하다 부당한 일을 당했을 때 도움을 요청할 수 있는 곳이 많다는 거예요. 고용노동부에서 운영하는 청소년근로권익센터가 대표적이에요. 이곳에서는 청소년을 위한 노동상담 대표 전화를 별도로 운영하고 있어요. '1644-3119'를 기억하고 계세요. 일하다 부당한 대우를 받았다면 꼭 전화해야 하니까요.

평등한 교실은
청소년 스스로
만들어야 한다

인기 컴퓨터 게임 스타크래프트(Star craft)를 모르는 분은 거의 없을 거예요. 저그(Zerg), 테란(Terran), 프로토스(Protoss) 세 종족이 전쟁을 벌여 영토를 확장하는 게임인데요. 셔틀(Shuttle)은 병력을 운송하는 프로토스 종족의 유닛이에요. 왔다 갔다 하며 부지런히 병력을 운송하죠. 여기서 유래한 '빵 셔틀'이라는 말이 있어요. 빵 셔틀은 부지런히 빵을 옮긴다는 뜻이지요. 그렇다고 빵 셔틀이 제과점 배송 차량을 뜻하는 것은 아니에요. 빵 셔틀은 교실에서 친구에게 군것질거리를 사오도록 심부름을 시키는 것을 뜻해요. 이때 심부름을 하는 학생을 '셔틀'이라고 하죠.

대부분 학교에는 매점이 있지요. 학생들은 점심시간이나 쉬는 시간에 매점에서 군것질거리를 사 먹고는 하지요. 그런데 무언가 먹고 싶기는 한데 매점에 다녀오기 귀찮을 때도 있지요. 그럴 때는 매점에서 배달해 주면 참 좋겠네요. 빵 셔틀은 이럴 때 친구를 시키는 거예요. "야! 매점 가서 빵 좀 사와!" 이렇게요.

당연히 친구는 심부름하기 싫겠죠. 싫은 일을 억지로 시키려면 그에 상응하는 대가를 주거나 아니면 강요해서 억지로 하게 만들어야 해요. 친구들끼리 돈을 주고 심부름을 시킨다는 것이 썩 좋아 보이지는 않지만 그나마 매점 심부름을 시키고 대가를 준다면 문제가 되지 않을 거예요. 물론 심부름 값을 받아도 하기 싫다는 친구라면 돈을 주었어도 문제가 되지요. 때문에 셔틀은 친구들 간 부탁이나 호의가 아니라 형법에 의해 금지되고 처벌되는 '강요 행위'예요. 빵 셔틀은 친구의 의사에 반해 억지로 심부름을 시키는 행위로 정의할 수 있어요. 처음에는 매점 심부름만 일컬었지만 점차 의미가 확대되어 지금은 강제로 심부름을 시키는 모든 행위를 뜻하게 되었지요.

이러한 맥락에서 '와이파이 셔틀'이라는 것도 있어요. 와이파이(WIFI)는 무선 충실도(Wireless Fidelity)의 약자로 무선 인터넷을 사용할 수 있는 근거리 통신망을 뜻해요. 무선 인터넷 공유기 같은 와이파이 기기가 설치된 지역에 가면 데이터를 쓰지 않아도 스마트폰을 사용할 수 있죠.

부모님들은 대개 자녀들이 인터넷을 덜 쓰게 만들려고 스마트폰 데이터의 용량이 정해진 휴대폰 요금제를 설정해요. 그렇지 않은 경우

비싼 요금제

라도 청소년들은 용돈이 부족해 데이터가 한정된 저렴한 요금제를 쓰는 편이지요. 그래서 청소년들이 무제한 데이터 요금제를 이용하는 경우는 별로 없어요. 정해진 데이터를 한 달 동안 나눠 써야 하므로 청소년들은 스마트폰 데이터를 아껴서 조금씩 사용하지요.

데이터를 아끼는 방법 중 하나로 자신의 데이터는 꺼 놓고 와이파이 존에서만 스마트폰을 사용하는 방법이 있어요. 와이파이 존에서는 개인 데이터가 소비되지 않으니 데이터 걱정 없이 마음껏 쓸 수 있거든요. 그런데 문제는 학교에는 와이파이 존이 거의 없다는 거예요. 학생들은 학교에서 가장 많은 시간을 보내는데 학교에서는 와이파이가 잡히지 않으니 데이터를 아끼기 쉽지 않은 거죠. 와이파이 셔틀은 와이파이가 없는 학교에서 와이파이를 만들어 내는 방법이에요. 바로 '테더링(tethering)'을 하는 거죠.

스마트폰에는 테더링이라는 기능이 있어요. 내 스마트폰을 일종의 모뎀으로 만드는 기능이에요. 내 스마트폰에서 테더링을 켜면 주변에 있는 다른 사람들이 내 스마트폰에 접속해서 인터넷을 사용할 수 있어요. 쉽게 말해 친구들이 내 스마트폰 데이터로 인터넷을 사용하는 거예요. 그러기 위해서는 우선 테더링 기능을 활성화해야 하고 그 비밀번호를 친구에게 알려 주어야 해요.

그런데 그럴 경우에 내 데이터는 어떻게 되는 거죠? 친구들에게 내 데이터를 나눠 주다 보면 데이터가 한순간에 다 소진될 테니 정작 본인은 인터넷을 못할 수도 있겠네요. 아니면 비싼 무제한 데이터 요금제에 가입해야 되겠지요. 이처럼 와이파이 셔틀은 강제로 데이터를 빼앗는 행위예요. 형법상 강도죄에 해당할 수 있어요.

셔틀 문제는
교실 권력에서 생겨나요

와이파이 셔틀에서 알 수 있듯 셔틀은 원하지 않는 심부름을 억지로 시키는 것을 뜻하다가 지금은 친구들을 괴롭히는 모든 행위를 뜻하는 것으로 의미가 넓어졌어요. 그런데 셔틀은 여기서 끝나지 않는다는 것이 더 큰 문제랍니다.

억지로 무엇인가를 시킬 수 있으려면 시키는 사람은 힘이 세야겠죠. 반대로 심부름을 당하는 사람은 힘이 약할 거예요. 다시 말해, 셔틀은 학교에서 힘이 센, 소위 일진 청소년들이 힘이 약한 몇몇 청소년들을 괴롭히는 방식 중 하나예요. 그렇기 때문에 셔틀은 하기 싫은 일을 시키는 것에서 끝나지 않아요. 돈은 얼마 주지 않고 비싼 물건을 사오게 하거나 심지어 아예 돈을 주지 않고 물건을 사오게 하는 식으로도 뻗어 나가죠. 와이파이 셔틀도 데이터가 떨어지면 시키는 측이 당하는 측에게 추가로 돈을 내고 충전하도록 강요하거나 비싼 무제한 데이터 요금제를 사용하게끔 만들어요. 일진들의 와이파이를 위해 셔틀이 된 아이는 비싼 통신 요금을 지출해야 하는 거예요.

더 큰 문제는 한 번 셔틀이 시작되면 끊이지 않게 된다는 거예요. 계속 반복되지요. 1~2년씩 셔틀이 계속되는 경우도 흔하지요. 셔틀은 교실에서 한두 명에게 집중돼요. 가장 만만한 친구에게만 집중되는 거예요. 셔틀로 찍히면 일진이 아닌 다른 아이들에게도 무시를 당하게 돼요.

게다가 셔틀이 생겼다는 것은 이미 교실에 학생들 간에 권력 관계가 만들어졌다는 의미예요. 일진이라는 강자가 있고 셔틀을 당하는 약자가 있는 거죠. 일진과 셔틀은 몇 명뿐이지만 나머지 학생들은 대부분 일진과 셔틀 간의 권력 관계에 암묵적으로 동조해요. 셔틀은 단지 일진과 셔틀 몇 명만의 문제로 생겨날 수 있는 게 아니에요.

만약 셔틀이 일어나고 있는데 교실의 많은 친구들이 이것을 부정적인 시선으로 본다면 아무리 일진이라도 마음껏 셔틀을 시킬 수는 없을 거예요. 더 나아가 다른 친구들이 일진이 만든 권력 구조에 암묵적으로라도 동의하지 않는다면 누군가는 어떠한 방식으로든 선생님이나 부모님 또는 경찰에 문제를 알릴 수도 있을 거예요. 그렇게 되면 셔틀이 몇 년씩 이어질 수는 없어요. 결국 셔틀은 교실에 있는 대다수 학생들의 동조나 방관이 있기에 이루어지는 거예요.

교실에서 이처럼 권력 관계가 생겨나면 권력의 하층에 있는 학생, 즉 셔틀에 대한 괴롭힘은 매우 늘어나요. 빵 심부름에서 점점 폭행, 금품을 갈취하는 등 더 높은 수위로 괴롭히지요. 암묵적으로 동조하던 아이들 중에는 서서히 일진의 행위에 가담해 같이 셔틀이 된 아이를 괴롭히는 이들도 나타나요. 설령 동참하지 않아도 셔틀이 된 아이와 친하면 자신도 괴롭힘을 당할까 봐 모두 셔틀을 외면해 버리지요. 셔틀이 된 아이는 반에서 고립되어 따돌림, 왕따의 문제까지 시달리지요.

교실은 학생 수십 명이 적게는 4시간에서 길게는 8~10시간까지 하루 대부분을 보내는 곳이에요. 셔틀이 된 아이는 북적대는 교실에 내내 혼자 외롭게 있는 거죠. 여기서 끝나지 않아요. 외로움은 나만의 문제지만 셔틀은 교실의 권력 구조에서 혼자로 내몰리는 것이고 심지어 폭력까지 당해요. 그렇기에 셔틀은 사람의 영혼에 상처를 입히는 매우 심각한 범죄예요.

청소년 스스로
문제 해결의 당사자가 되어야 해요

그렇다면 이렇게 끔찍한 범죄인 셔틀을 해결하기 위해서는 어떤 방법이 있을까요? 일진 청소년을 강력하게 처벌하면 될까요? 어린 청소년이 저질렀더라도 셔틀은 엄연한 범죄이니 범죄자를 처벌하는 것은 당연하죠. 일진의 처벌은 필요하지만 그것이 근본적인 해결책은 될 수 없어요. 앞에서 말했듯이 셔틀은 몇몇 일진과 몇몇 셔틀 간의 문제가 아니에요. 셔틀이 생긴 교실 권력 구조의 문제죠. 일진이 처벌받는다면 교실에 형성된 힘의 구조에 균열이 약간 생길 거예요. 하지만 그뿐이에요. 곧 새로운 일진이 등장할 거고 셔틀 문제는 계속되겠지요.

셔틀과 같은 학교 폭력에 대해서는 처벌도 중요하지만 그보다 평등한 교실을 만드는 것이 가장 중요해요. 그렇다면 평등한 교실은 어떻게 만들 수 있을까요? 그것은 매우 어려운 문제예요. 왜냐면 우리가 경험해 보지 않은 것이니까요.

지금까지 우리는 교실의 문제를 교실에서 해결하려 하지 않았어요. 간혹 교실에서 해결하려고 해도 그것은 학생들이 아닌 선생님이 중심되어서 해결했지요. 셔틀이 발각되면 그 순간부터 문제 해결에서 교실은 배제돼요. 학교 폭력 전담 교사가 사안을 조사하고 학교 폭력 대책 자치 위원회(학폭위)에서 처분을 내리죠. 처분은 '사과 편지를 써라 (1호)', '봉사해라(3~4호)', '등교하지 마라(6호)', '반을 바꿔라(7호)', 심지어 '학교를 떠나라(8~9호)' 등이에요. "왜 그랬니?", "친구가 얼마나 아팠겠니?", "앞으로는 잘 지낼 수 있니?" 같은 물음은 전혀 없어요. 사과도 얼굴을 보고 하는 것이 아니라 편지로 해야 하고 정도가 지나치다 싶으면 반을 바꾸거나 전학·퇴학을 통해 당사자들을 분리하지요.

하지만 이렇게 외부의 힘으로 학생을 처벌한다고 해서 문제가 해결되지는 않아요. 처벌이 재비행을 예방할 수 있는지도 의문이지만 처벌받은 학생이 비행을 저지르지 않는다고 해도 그 자리는 또 다른 일진으로 채워지고 셔틀은 계속될 것이기 때문이죠.

이 문제를 근본적으로 해결하기 위해서는 교실 속 아이들이 직접 당사자가 되어 문제를 해결해야 해요. 셔틀이 발생했다면 일진과 셔틀 그리고 이를 방관한 다른 학생들이 모두 둘러앉아 문제가 무엇인지 생각해 보고 반성하고 재발을 막기 위한 논의를 해야 돼요. 그 과정에서 상처받은 학생이 있다면 그것을 치유해 주고 잘못한 학생은 진지한 반성을 할 수 있도록 이끌어야 하고요. 이 과정을 겪으며 학생들은 자신들이 만든 셔틀의 권력 구조를 깨닫게 될 거예요. 그 구조를 허무는 방법도 스스로 알게 되겠지요.

교실에서 발생한 문제의 주체는 교실이에요. 하지만 지금까지 우리는 문제 해결의 당사자에서 교실을 늘 배제해 왔어요. 그런 식의 해결

방법은 성과를 거두지 못했죠. 아무리 없애도 일진은 계속 등장했고 학교 폭력은 끊이지 않았어요.

이제 생각을 바꾸어야 할 때가 되었어요. 처벌과 격리만으로 문제가 해결되지 않는다면 갈등을 해결할 새로운 방법을 찾아내야 해요. 처벌이 약해서 그런 거라면서 더 세게 처벌해야 한다고 하면 학교 폭력을 숨기려는 시도만 늘어나는 악순환에 빠질 거예요. 지금이라도 교실의 문제를 교실의 구성원, 학생에게 맡기는 시도를 해야 합니다.

집,

가장 안전한 곳에서

자꾸 도망치는 이유

• 가정 폭력 문제 •

2016년 2월 3일 경기도 한 지역에서 발생한 한 사건은 온 국민을 경악에 빠뜨렸어요. 평범한 가정집에서 여중생으로 추정되는 백골 사체가 발견되었기 때문이에요. 사체의 신원은 그 집에서 살았던 여중생 이모 양이었어요. 이 지역에서는 이 양의 시신이 발견되기 20여 일 전 이미 부모에게 살해당한 초등학생 사건이 발생한 상태였기에 충격은 더했어요. 사체로 발견된 이 양 역시 부모에게 살해당한 것으로 밝혀졌어요.

이 양의 아버지는 목사이자 신학교 교수였어요. 부인과 슬하에 이 양을 포함한 자녀 셋이 있었는데 2007년에 아내와 사별을 했지요. 2009년에 이 양의 아버지는 재혼을 했지만 초혼이었던 새어머니는 자녀 셋을 돌보는 걸 어려워했던 것 같아요. 새어머니와 자녀들 간 갈등이 점점 심해졌어요. 결국 이 양의 남동생은 가출했고 언니는 지인의 손에 독일로 도피성 유학을 갔어요. 혼자 남은 이 양은 새어머니의 여동생인 새 이모네 집에 맡겨졌어요. 하지만 이 양과 동갑내기 자녀가 있던 이모 또한 이 양과 잘 지내지 못했어요. 오히려 이 양을 학대했지요.

어느 날 이 양은 이모의 학대에 못 이겨 집을 나가고 말았어요. 막상 집을 나왔지만 갈 곳이 없었어요. 이 양이 찾아간 곳은 초등학교 6학년 때 담임 선생님 집이었어요. 하지만 선생님은 이 양을 설득해 다시 이모에게 돌려보냈죠. 이모네 집으로 돌아간 이 양을 기다리고 있던 사람은 아버지였어요. 아버지는 또다시 이 양을 때렸어요. 이 양은 다시 가출을 했죠. 이번에도 갈 곳은 초등학교 6학년 담임 선생님 집뿐이었어요. 하지만 선생님은 집에 없었고 기다리다 지친 이 양은 경비실에 가서 하룻밤만 재워 달라고 사정을 했죠. 그렇지만 경비원 아저씨도 이 양을 다시 이모네 집에 돌려보냈어요. 이모는 이 양을 아버지 집으로 돌려보냈고요.

아버지와 새어머니는 이 양이 다시는 집을 나가지 못하게 한다며 옷을 벗기고 새벽 1시부터 밤새도록 폭행했어요. 맞아 쓰러진 이 양을 두고 부모는 잠을 잤던 것 같아요. 다음 날 아침 일어나 보니 이 양은 이미 차갑게 식어 있었다고 해요.

이 양이 등교하지 않자 학교는 부모에게 출석 독려서를 발송했어요. 하지만 죽은 이 양이 출석 독려서를 받는다고 돌아올 리가 없죠. 이 양이 계속 결석하자 학교는 재차 출석 독려서를 발송했다고 해요. 그러자 겁이 난 이 양의 부모는 경찰에 이 양이 집을 나가 들어오지 않는다며 가출 신고를 했어요. 그렇게 죽은 이 양은 가출한 불량 청소년으로 등록되어 경찰에게 발견될 때까지 10개월 동안이나 집 안에 방치되었던 거예요.

이 양 사건이 국민들에게 던진 충격과 슬픔은 그 어떠한 말로도 표현할 수 없을 만큼 큰 것이었어요. 가장 안전해야 할 집에서 청소년이 부모에게 살해를 당했으니까요. 하지만 이 충격과 슬픔이 일시적인 분노로 끝난다면 이 양과 같은 사건은 언제든지 다시 생길 거예요. 그러면 우리는 다시 끔찍한 충격과 슬픔에 빠지게 되겠지요. 이를 막기 위해 조금은 냉정하게 문제를 분석할 필요가 있어요. 원인을 알아야 정확한 해결책이 나올 테니까요.

집이 무서워 나온 청소년을
자꾸 집으로 돌려보내다

청소년에게 부모는 절대적인 권력을 가진 자예요. 대부분의 부모는 자녀를 사랑으로 보살피는 데 그 권력을 쓰지요. 하지만 절대적인 권력에는 언제나 비극적인 결말이 나타날 위험도 도사리고 있어요. 이 양의 경우처럼 말이에요. 가장 안전하고 행복해야 할 집이 가장 위험하고 무서운 곳이 되기도 하는 이유예요. 이 가정들을 다시 화목하게 만들 수 있다면 그것이 가장 좋은 해결책이겠지요. 하지만 그 누구도 모든 가정을 화목하게 만들 수는 없어요. 그렇다면 끔찍한 사고로 이어지기 전에 문제 있는 가정을 파악하고 적절한 조치를 취하는 시스템을 갖추어야겠죠.

가정 폭력을 가장 먼저 확인할 수 있는 곳은 청소년이 생활하는 마을과 학교예요. 하지만 오늘날 도시에서는 이웃 가정의 문제까지 신경 쓰는 마을 공동체가 붕괴되었죠. 때문에 학교는 가정 폭력을 가장 먼저 그리고 가장 확실히 인지할 수 있는 유일한 공간이 되었어요. 이 양의 경우를 살펴볼까요?

이 양은 사망하기 5일 전부터 결석했어요. 하지만 학교가 이 양의 가정에 출석 독려서를 발송한 것은 11일이나 지난 후였어요. 이미 이 양이 사망한 후였죠. 담임 선생님은 이 양의 아버지에게 하루나 이틀 간격으로 전화했지만 "딸이 가출했다."는 대답만 듣고 별다른 조치는 취하지 않았어요. 결국 학교는 출석 독려서를 세 차례 발송하고 전화 통화만 하다 결석 일수가 90일이 넘자 이 양을 '정원 외 관리 대상'으로 분류하고 더 이상 신경 쓰지 않았다고 해요.

이 양의 발견 과정을 보면 '만약 학교가 이 양을 좀 더 살폈다면' 하는 아쉬움이 크게 남아요. 당시 그 지역에서는 앞서 말한 초등학생 살인 사건을 계기로 경찰이 장기 결석 아동 및 장기 미귀가자에 대한 전

수조사를 하고 있었어요. 당연히 이 양도 조사의 대상이 되었죠.

그런데 이 양의 부모는 실종된 딸을 찾아 주겠다는데도 수사에 매우 비협조적이었어요. 이를 수상하게 여긴 경찰은 이 양 주변을 탐문하는 과정에서 "가출 직후 이 양을 만났을 때 종아리와 손에 멍 자국이 있었다. 물어보니 전날 맞았다고 했다."는 친구의 진술을 확보했죠. 압수 수색 영장을 발부받은 경찰은 이 양의 집을 수색했고 방문을 열자마자 이미 백골이 된 이 양을 발견한 거예요. 만약 결석 초기에 학교가 문제의 심각성을 인식하고 경찰에 알리거나 이 양의 집을 찾아가는 등 적극적으로 움직였다면 이 양의 비극은 막을 수도 있었을 거예요.

이러한 문제의 바탕에는 청소년은 부모, 또는 가정의 보호를 받아야만 한다는 고정 관념, 그리고 청소년 스스로 자신의 삶에 대해 결정할 수 없다는 선입견이 바탕에 깔려 있어요. 물론 아직 성장기인 청소년은 성인에 비해 정신적, 육체적인 면에서 미숙하므로 누군가의 보호를 받을 필요는 있을 거예요. 하지만 그것이 반드시 부모나 가정이되어야 하는 것은 아니에요.

그리고 "내가 누구의 보호를 받을 것인가?"에 대하여 청소년 본인의 선택도 충분히 존중받아야 해요. 더 나아가 청소년은 "누군가의 보호를 받지 않고 나 스스로 삶을 살아가겠다"는 판단까지 생각해 볼수도 있을 거예요. 만 18세가 되어야 성인이 된다는 법률 역시 우리가정한 규칙일 뿐이니까요. 그렇기에 청소년이 누군가의 보호를 받아야 하는지 여부, 아니면 스스로 살아갈 수 있는지 여부 역시 우리 사회가 머리를 맞대고 논의할 수 있는 부분이에요.

우리는 가출 청소년을 어떤 눈으로 보고 있나요?

이 양의 죽음을 막을 수 있었던 결정적인 기회가 있었어요. 이 양이 초등학교 6학년 때 담임 선생님을 찾아갔을 때지요. 이 양은 담임 선생님을 찾아갔어요. 그리고 하룻밤을 재워 달라고 했죠. 하지만 담임 선생님은 이 양이 단순히 가출한 것으로 생각하고 다시 집으로 돌려보냈어요. 이 양이 집을 나온 것은 가출이 아닌 탈출이었어요. 이 양은 생명의 위협을 느꼈고 가장 위험한 곳인 집에서 탈출한 거예요. 하지만 담임 선생님은 그런 이 양을 그저 가출 청소년으로 여기고 집으로 돌려보냈어요. 이 양이 두 번째 탈출을 했을 때 만난 담임 선생님 아파트의 경비원 역시 마찬가지로 이 양을 집으로 돌려보냈어요.

담임 선생님과 경비원은 왜 이 양을 보호받을 수 없는 집으로 돌려보냈을까요? 아마도 가출 청소년에 대한 부정적인 인식 때문일 거예요. 우리 사회는 집을 나온 청소년들을 '가출 청소년'이라 부르며 곱지 않은 시선으로 바라보아요. 집을 나왔다는 이유만으로 무조건 비행 청소년으로 몰아붙이기도 하지요. 하지만 그들이 왜 집을 나왔는지, 과연 집으로 돌려보내는 것이 옳은 것인지에 대해서는 고민하지 않아요.

앞에서 말했듯 이 양의 경우, 집을 나온 것은 가출이 아닌 탈출이었어요. 그 누구도 이 양에게 생명의 위협이 도사리는 집으로 돌아가라고 할 수는 없었어요. 하지만 우리 사회는 이 양을 단순한 가출 청소년으로 보았고 자꾸 집으로 돌려보냈어요. 그 결과는 이 양의 죽음이라는 비극이었고요.

이와 같은 일이 다시 일어나지 않기 위해서는 어떻게 해야 할까요? 먼저 가출 청소년이라는 용어부터 바꾸어야 해요. 가출(家出)의 사전적인 의미는 "가정을 버리고 집을 나감"이에요. 청소년의 입장에서 보면 화목하고 안전한 집을 스스로 박차고 나갔다는 뜻이죠. 하지만 이 양의 사례처럼, 집을 나온 청소년의 사정을 살펴보면 '가출'이라는 말이 맞지 않는 청소년들이 너무나도 많아요.

최근에는 청소년 스스로 집을 버리고 나왔다는 부정적인 의미의 '가출'보다 가정에 있지 않다는 객관적인 의미의 '가정 밖 청소년'을 사용하자는 주장이 많아요. 가정이 아닌 밖에서 살아가는 그들의 현실만 인식하자는 것이죠. 만약 이 양의 초등학교 6학년 때 담임 선생님이 그녀를 가출 청소년이 아닌 가정 밖 청소년으로 바라봤다면 다시 집으로 보내지 않았을 거예요. 집을 나온 이유를 알아보고 이 양을 돌봐주었거나 청소년 쉼터와 같이 이 양이 머물 수 있는 곳에 연계해 주었겠지요.

그리고 우리 사회의 청소년 지원 체계도 살펴보아야 해요. 이 양은 학대에 못 이겨 집에서 탈출을 했어요. 하지만 이 양이 갈 수 있던 곳은 초등학교 때 담임 선생님 집뿐이었어요. 담임 선생님을 못 만난 이 양이 갈 데라고는 고작 아파트 경비실뿐이었고요. 물론 청소년 쉼터 등 가정 밖 청소년들이 머무를 수 있는 시설이 곳곳에 있긴 해요. 하지만 그 수가 턱없이 부족하지요. 게다가 이에 대한 정보도 거의 없어 이 양과 같이 집을 나온 지 얼마 되지 않은 청소년들은 쉼터가 있는지도 모르는 경우가 많아요.

쉼터 등 청소년 보호 시설 대부분은 가정 밖 청소년만을 상대로 홍보해요. 그렇다 보니 청소년들은 집을 나오고 오랫동안 거리에서 생활하고 나서야 쉼터가 있다는 걸 알게 되지요. 때문에 가정 밖 청소년뿐만 아니라 가정에 있는 청소년들에게도 청소년 보호 시설에 대해 알릴 필요가 있어요. 이것을 청소년의 가출을 조장한다고 비판할 수도 있어요. 하지만 가정에 문제가 없는데 단순히 호기심에 일부러 집을 나가는 청소년은 없을 거예요. 가출을 조장하는 것이 아니라 탈출하는 청소년이 안전할 수 있게 지원하려는 것으로 보아야 해요. 우리는 이미 가정에서 탈출한 청소년이 적절한 지원을 받지 못해 생기는 비극을 보았으니까요.

가정에서 보호받지 못하는
청소년의 인권을 지키려면

가장 행복하고 안전해야 하는 가정에서 청소년들이 학대를 받고 심지어 죽음까지 당하고 있어요. 가정은 청소년이 마지막으로 기댈 수 있는 곳이에요. 그렇기에 청소년의 인권을 지킬 수 있는 마지막 보루지요. 그렇기 때문에 가정에서조차 청소년의 인권이 보호받지 못할 경우에 대해서는 거의 대비되어 있지 않아요. 이제부터라도 우리 사회가 그들의 인권은 적극적으로 보장해 주어야 해요.

가정에서 일어난 청소년의 인권 침해를 가장 잘 막을 수 있는 이들

은 아마 학교나 마을에 있는 사람들일 거예요. 가정 다음으로 가장 청소년을 가까이서 지켜보는 이들이니까요. 하지만 이들도 잘 발견하지 못해서 청소년이 가정에서 뛰쳐나오게 된다면 우리 사회가 그들을 품어 주어야 해요. 가정에서 보호받지 못한 청소년을 품어 줄 곳은 이제 우리 사회밖에 없으니까요.

가정 밖 청소년을 단지 집 밖에 있다는 이유만으로 비행 청소년으로 바라보지 말고, 무작정 그들을 집으로 돌려보내기보다는 그들의 이야기부터 들어 보아야 할 거예요. 집으로 돌아갈 수 없거나 돌아가기를 원하지 않는 청소년들이 가정 밖에서도 안전하게 생활할 수 있게끔 지원해야 합니다. 그것이 우리가 다시 집에서 죽음을 당하는 청소년을 목격하지 않을 유일한 방법일 거예요.

가정 밖 청소년들이 가장 손쉽게 이용할 수 있는 시설은 청소년 쉼터예요. 전국의 지방 자치 단체는 청소년을 위한 쉼터를 운영해요. 쉼터는 머무를 수 있는 기간에 따라 일시 쉼터, 단기 쉼터, 중장기 쉼터로 나뉜답니다. 일시 쉼터는 1주일까지 머무를 수 있어요. 단기 쉼터는 최대 6개월까지 이용이 가능해요. 중장기 쉼터는 상황에 따라 다르지만 성인이 될 때까지 길게는 수 년 동안 이용이 가능하답니다.

쉼터 외에도 지방 자치 단체별로 머무를 곳이 없는 청소년들을 위한 각종 자립 프로그램이 운영되고 있어요. 시설에 들어가기 어려운 청소년을 위해 주거를 지원해 주기도 하지요. 쉼터에서 출소한 청소년들이 자립할 수 있도록 일자리를 마련해 주기도 한답니다.

체벌은
인권과 공존할 수
있을까?

약간 늦은 아침, 한 사람이 겁에 질린 표정으로 한껏 움츠러든 채서 있어요. 그를 향해 인상을 찌푸린 건장한 남성이 다가오네요. 남성은 다짜고짜 상대의 머리채를 움켜쥐고는 벽에 두 차례 찍어 버려요. 벽에 머리를 부딪친 남성은 고통에 신음을 하며 쓰러져요. 다행히 폭행은 더 이어지지 않았어요. 하지만 그는 13시간 후에 갑자기 의식을 잃고 쓰러졌어요. 13시간이나 지났기 때문에 남성이 쓰러진 이유가 머리에 당한 폭행 때문인지 확실하지는 않아요. 하지만 아침에 당한 폭행 말고는 남자가 쓰러질 이유는 없어요. 결국 그는 뇌사 상태에 빠졌고 1년이 넘게 병상에 누워 있다 사망하고 말았어요.

이번에는 다른 남성이 두 사람을 세워 놓고 험상궂은 표정으로 "너희 둘이 가위바위보를 해서 이긴 놈이 진 놈 뺨을 때려."라고 명령해요. 두 사람은 공포에 질려 마지못해 가위바위보를 하네요. 한 사람은 이겼고 다른 사람은 졌어요. 이긴 사람이 그 남자의 눈치를 보네요. 남자는 "어서 때리지 못해!"라며 폭행을 강요해요. 이긴 사람은 자신 앞에 서 있는 상대에게 미안하다는 눈빛을 보내요. 그렇지만 머뭇머뭇 뺨을 때리지는 못해요. 남자는 어서 때리라며 성화를 내요. 마지못해 손이 올라갔고 곧 "찰싹" 소리가 났어요. 때린 사람은 미안해하고 맞은 사람은 억울했죠. 하지만 여기서 끝나지 않아요. 남자는 다시 "가위바위보해!"라고 소리를 치네요. 이렇게 가위바위보로 상대의 뺨을 때리는 행위가 몇 차례 더 이어졌어요. 두 사람은 계속 원치 않은 가위바위보를 해야 했고 서로 때리고 맞아야 했어요.

다른 장면을 살펴볼까요? 한 건장한 사내가 굳은 표정으로 서 있어요. 그 앞에는 여러 사람이 엎드려뻗쳐 자세를 하고 있네요. 바닥에는 물기로 축축해요. 이어서 그 사내는 엎드린 남성들에게 팔 굽혀 펴기를 시켜요. 팔 굽혀 펴기를 계속하고, 힘에 부치는지 신음 소리가 여기저기서 흘러나와요. 사내의 눈치를 보지만 그만하라는 말은 나오지 않아요. 엎드린 이는 어쩔 수 없이 팔 굽혀 펴기를 계속해요. 한 사람이 팔에 힘이 빠졌는지 굽혔던 팔을 펴려 안간힘을 쓰다 그만 축축한 바닥에 손바닥이 미끄러지면서 쓰러지고 말아요. 쓰러지면서 어깨가 바닥에 부딪혔어요. 그는 "억!"하며 외마디 비명을 지르고 바닥에 나뒹굴었어요. 매우 고통스러운 것 같아요.

이 사례들을 읽으면서 어떤 모습이 떠올랐나요? 머리채를 잡아 벽에 부딪힌 장면과 가위바위보로 서로 뺨을 때리게 하는 장면은 조폭 영화에서나 나올 것 같지 않나요? 팔 굽혀 펴기를 하다 쓰러진 사례는 극기 훈련 캠프에서 볼 법한 모습이죠. 하지만 이 사례들은 조폭이나 극기 훈련 캠프에서 발생한 사건들이 아니에요. 모두 학교에서 일어난 사건이에요. 그것도 선생님이 학생을 상대로 행한 일이에요.

2014년 2월 18일 전남의 어느 고등학교에서는 교사가 지각을 했다는 이유로 학생의 머리채를 잡아 수차례 벽에 부딪힌 사건이 발생했어요. 그 학생은 13시간 후 의식을 잃고 쓰러졌고 결국 사망하고 말았지요. 2018년 4월 초에 경북에서 한 초등학교 교사가 체육 시간에 수업 태도가 좋지 않다며 6학년 학생들을 서로 마주 보게 한 뒤 가위바위보를 시켜 이긴 학생이 진 학생의 뺨을 때리도록 시켰어요. 2016년 5월에는 서울의 한 고등학교에서 교사가 지각한 학생들에게 물기가 있어 미끄러운 복도에서 팔 굽혀 펴기를 하도록 시키다 한 학생이 어깨를 다치는 사고가 발생했고요.

체벌은 일정한 교육 목적을 위해 학교나 가정에서 아동에게 육체적인 고통을 수반하는 벌을 주는 것이에요. 조선 시대 동네 서당에서 훈장님이 잘못을 저지른 학생의 종아리를 때린 회초리가 대표적이지요. 체벌에 대해서는 많은 논란이 있지만 우리 사회는 오랫동안 체벌을 어느 정도 용인해 왔어요. 그런데 이 '어느 정도'가 항상 문제였지요. 교사는 교육적인 목적으로 체벌을 주었다고 주장하지만 학생과 학부모는 폭행이라고 반박하는 사건들이 끊이지 않았어요.

그렇다면 앞의 사례들은 어떨까요? 학교라는 공간만 가리면 조폭의 행위와 다를 것이 없지요? 머리를 벽에 부딪치고 친구들끼리 서로 때리게 하고 물기가 있어 미끄러운 복도에서 팔 굽혀 펴기를 시키는 행위를 교육적인 목적으로 주는 벌이라고 생각하는 사람은 없을 거예요. 심지어 머리를 부딪친 학생은 목숨을 잃기까지 했죠. 그것은 체벌이 아니라 폭력이에요.

또 다른 형태의 체벌, 벌점의 등장

우리나라는 예전부터 체벌에 비교적 관대했어요. 이러한 모습은 몇몇 영화에서도 나타납니다. 영화 '말죽거리 잔혹사'에는 언제나 한 손에 굵직한 몽둥이를 들고 다니는 선생님이 등장하죠. 학생들을 단체로 엎드려뻗쳐를 시켜 놓고 몽둥이로 엉덩이를 때리거나 심지어 주먹과 발로 마구 때리는 장면도 나와요. 영화 '친구'에서는 선생님이 학생의 볼을 잡고 사정없이 뺨을 때리는 장면도 나와요. 영화 '두사부일체'에서는 교장 선생님이 교실에서 여학생을 마구 때리는 장면도 묘사돼요. 물론 영화적인 상상이 가미되기는 했지만 현실과 완전히 동떨어진 이야기 또한 아니랍니다. 우리나라는 오랫동안 교사의 체벌에 대해 상당히 관대했거든요. "선생님이 가르치다 때릴 수도 있지." 또는 "선생님이 때렸다고 항의할 수는 없지.", "체벌도 교육이야."와 같은 인식이 많았어요.

하지만 세월이 흐르고 학생들의 인권에 대한 문제 의식이 깊어지면서 점차 교사의 체벌을 금지해야 한다는 주장이 커졌어요. 그러던 중 2010년 경기도는 처음으로 '학생인권조례'를 제정했어요. 이후 광주광역시(2011년), 서울특별시(2012년)가 연이어 '학생인권조례'를 제정했고 현재는 전국 16개 시 · 도 교육청별로 '학생인권조례'가 제정 · 공포되어 시행되고 있답니다.

'학생인권조례'는 시 · 도별로 조금씩 모습이 달라요. 하지만 학생의 권리를 규정한 부분은 대부분 유사해요. 특히 체벌에 대한 규정은 모든 조례가 동일하답니다.

'학생인권조례'는 학생에 대한 직 · 간접적 체벌을 금지합니다. 직접 체벌은 앞의 사례 중 머리를 벽에 부딪치는 것과 같이 교사가 학생을 직접 때리는 것이에요. 간접 체벌은 교사가 직접 때리지는 않았지만 다른 방법으로 학생에게 고통을 주는 행위를 뜻해요. 앞 사례 중 팔 굽혀 펴기를 시키는 것이 해당되겠지요. 서로 뺨을 때리게 한 것은 조금 애매하네요. 선생님이 직접 때리지는 않았지만 학생을 통해 다른 학생을 때리게 했으니 직접 체벌로 보는 것이 옳을 거예요. 선생님이 학생을 통해 다른 학생을 때린 것이나 마찬가지니까요. 이 외에도 달리기, 오리걸음, 쪼그려 뛰기 등 신체 고통을 유발하는 행위와 고함을 지르는 것 등 모두 간접 체벌에 해당해요.

무엇을 간접 체벌로 볼 것인가는 매우 중요한 문제예요. 직접 체벌은 개념이 명확해서 금지하기 쉬워요. 반면 간접 체벌은 어떠한 것을 간접 체벌로 볼 것인지 그리고 어디까지 금지할 것인지 모호한 경우가 많거든요. 예를 들면 몽둥이로 엉덩이를 때리는 것은 직접 체벌로 '학생인권조례'에 의하면 당연히 금지돼요. 하지만 팔 굽혀 펴기와 같은 간접 체벌은 전면 금지를 해야 하는지 일정한 수준 이하는 허용해야 하는지 모호한 부분이 있죠. 예를 들어 "팔 굽혀 펴기 5개 이하는 허용한다"와 같은 식이에요.

하지만 체벌이 금지되는 이유는 그것이 학생들의 인권을 침해하기 때문이에요. 이 세상의 어떠한 폭력도 정당화될 수는 없어요. 폭력은 인간의 존엄성을 직접적으로 해치는 행위예요. 때문에 모든 폭력은 인권을 침해하는 것이에요. 학생이라고 해서 예외일 수는 없지요. 그리고 직접 신체에 물리적인 충격을 가하는 것만 폭력은 아니에요. 언어 폭력이나 상대가 원하지 않는 행동을 하도록 강제하는 것 또한 폭력이지요. 그렇기 때문에 학생이 원하지 않는 행동(팔 굽혀 펴기 등)을 강제로 시켜 고통을 주는 간접 체벌 또한 정도에 따라 허용되는 것이 아니라, 전면적으로 금지되어야 해요.

다행히 2010년 이후 '학생인권조례'가 제정되면서 학교에서 체벌은 크게 줄어들었어요. 하지만 체벌이 줄어들었다고 해서 모든 문제가 해결된 것은 아니에요. 앞에 언급한 세 가지 사례는 모두 2010년

이후에 발생한 사건이에요. 아직도 체벌이 완전하게 근절되지는 않았다는 뜻이지요. 이에 더해 체벌이 금지되자 새로운 현상이 나타났어요. 바로 벌점이에요. 이제 선생님들은 때리거나 벌세우는 것 대신에 벌점을 줍니다. 지각하면 5점, 수업 시간에 자면 10점, 선생님께 대들면 20점과 같이요. 점수가 쌓이면 그에 따른 징계를 받고요. 심할 경우 퇴학을 당할 수도 있어요.

벌점은 미리 만든 규칙에 따라 이를 위반한 학생에게 그에 적용되는 페널티를 부과하는 것으로 체벌과는 전혀 다른 제제예요. 하지만 몇몇 학교에서는 벌점 제도를 지나칠 정도로 엄격하게 적용해 학생들을 심리적으로 매우 위축되게 만들어요. 예전에 체벌이 있을 때는 지각을 하면 선생님께 혼나면 되었는데, 벌점제에서는 지각이 쌓이면 징계를 받죠. 심지어 그 벌점이 쌓이면 퇴학까지 당할 수 있으니 학생들 입장에서는 매우 위축될 수밖에 없어요.

더욱이 벌점은 학생과 교사 간 관계에서 자율성을 해치고 감정적인 갈등만 일으킨다는 비판을 받아요. 학생이 지각을 했다면 선생님과 학생이 대화하며 어떠한 사연이 있었는지 서로 알고 다시 지각하지 않도록 교육적으로 접근해야 할 거예요. 하지만 벌점 제도가 있는 경우에는 지각이라는 행위 뒤에 숨은 다양한 사연을 들을 기회도 없고 단지 '벌점 몇 점'이라는 결과만 남기죠. 때문에 학생도 선생님도 모두 불만만 갖게 돼요. 벌점의 이러한 문제점이 커지자 2017년 강원도교육청은 관내 학교에서 상·벌점제를 폐지하기까지 했답니다.

인권을 침해하는 가르침이
과연 의미가 있을까요?

학교는 가르치는 선생님과 배우는 학생으로 구성된 매우 특수한 공간이에요. 학교에서 얻는 가르침과 배움은 지식 전달만으로 끝나지 않아요. 스승과 제자라는 관계의 문제로 이어지지요. 스승으로서 선생님은 사랑으로 학생을 가르쳐야 해요. 제자로서 학생은 이러한 선생님을 존경해야 하고요. 때문에 선생님의 체벌은 오랫동안 "사랑의 매"라 불리며 용인되어 왔지요. 하지만 '사랑의 매'라고 해도 도저히 교육적인 체벌이라고 할 수 없을 정도의 폭력이 자주 있었고 학생도 한 사람의 인격인으로 대해야 한다는 인식이 널리 퍼지면서 체벌은 전면적으로 금지되고 있어요.

하지만 아직도 "올바르게 가르치기 위해서 일정 수준의 체벌은 필요하다"고 주장하는 사람들도 많아요. "체벌을 하지 못하니 교권(敎權)이 땅에 떨어져 가르칠 수가 없다"고까지 주장하는 이들도 있지요. 하지만 때려야만 가르칠 수 있다는 주장은 크게 설득력이 있는 것 같지는 않아요. 때리지 않고도 올바르게 가르치는 선생님도 많이 계시니까요. 또한 우리 사회는 지금까지 수십 년 동안 체벌에 관대했지만 이를 통해 올바른 교육이 이루어졌다고 보기는 어렵기 때문이에요.

더욱 중요한 것은 더 이상 학생들이 체벌에 동의하지 않는다는 거

예요. 체벌 역시 학생에게 물리력을 가해 고통을 주는 행위로 정도의 차이는 있겠지만 폭력에 해당돼요. 학생이 거부하는데 억지로 폭력을 쓴다면 그것은 아무리 낮은 수준이라도 체벌이 아닌 폭력이에요. 따라서 이제 학교에서 있는 체벌 역시 우리 사회에서 사라져야 할 잘못된 관행이랍니다. 학생도 인격체이고 학교라고 해서 인권이 제한되는 특수 공간은 아니니까요. 모든 폭력은 인권과 공존할 수 없답니다.

비행을 저지를 것 같다고
처벌할 수 있을까?

· 통고 제도 ·

청소년 문제 대부분은 청소년을 온전한 하나의 주체로 인정하지 않으려 하기 때문에 일어나고는 해요. 간혹 법률 규정을 근거로 청소년들은 한 명의 당당한 시민이 될 수 없다고 주장해요. 예를 들면 민법은 아직 18세가 되지 않은 사람을 미성년자로 규정해서 권리를 일정 부분 제한하지요. 미성년자는 단독으로 계약을 할 수 없는 것이 대표적인 예죠. 하지만 이것은 미성년자가 미성숙한 존재이기 때문에 권리를 제한하는 것이 아니라 그들을 보호하기 위함이에요. 아직 사회 경험이 부족한 미성년자가 자칫 불공정한 계약을 체결해서 피해를 받을 위험을 방지하려는 거죠.

근로기준법은 최소한 15세는 되어야 일을 할 수 있도록 규정해요.

즉, 15세가 되지 않았다면 일을 할 수 없는 거죠. 이 또한 15세 미만인 자들을 보호하기 위한 조치예요. 노동은 어떠한 형태이건 육체를 사용할 수밖에 없어요. 아직 신체적인 성장기에 있는 어린 청소년들이 노동을 한다면 성장에 문제가 생길 수 있고 이는 평생을 살아가는 데 영향을 미치게 되죠. 더욱이 일반적으로 학교에 다닐 나이에 일하게 된다면 공부의 기회를 빼앗길 우려도 크죠. 이 또한 청소년이 평생 살아가는 데 영향을 미치게 돼요. 그렇기 때문에 너무 어린 청소년은 일하지 못하게 하는 거예요. 그들의 권리를 제한한다기보다는 보호하는 거죠.

이거 정말
보호가 목적인 거 맞나요?

하지만 이처럼 '보호 대상'이라는 청소년의 특수성이 현실에서 오히려 차별의 이유가 되고는 해요. 흔히 "어린 것이 뭘 알아."의 탈을 쓰고 말이지요. 앞서 살펴본 청소년 참정권에 대한 반대가 대표적인 사례겠죠. "어린 것이 뭘 안다고 투표를 해."라는 생각이에요.

또는 청소년은 보호받아야 할 대상이니 '어른들이 깊숙이 개입해서 바른 길로 인도해야 한다'는 태도를 취해 청소년의 권리를 침해하기도 해요. 청소년이 죄를 범했을 때, 죄질이나 피해의 정도 등 전반적인 사항을 고려해 형사 처벌보다는 교육으로 선도하는 것이 바람직하다고 판단될 경우 '소년법'을 통해 보호 처분을 내리기도 해요. '소년법'은 청소년에 대한 보호 처분 절차를 규정한 법이에요. '소년법'에 따른 보호 처분은 가정 법원에 설치된 소년 재판부에서 진행하죠.

보호 처분은 형사 처벌이 아닌 일종의 행정 처분이에요. 그래서 범죄 기록이 남지 않아 죄를 저지른 청소년이 앞으로 살아가는 데 주홍글씨로 남지 않는다는 장점이 있어요. 하지만 법원에서 재판(심리)을 받아야 하고 높은 처분을 받게 되면 소년원에 2년까지 위탁될 수 있다는 점에서 형벌과 유사한 부분이 많아요.

그런데 청소년 중에는 죄를 저지르지 않았는데도 이러한 보호 처분을 받는 경우가 있어요. 바로 '통고' 제도에 의해서요. '소년법'은 청소년이 집단적으로 몰려다니며 주위 사람들에게 불안감을 조성하거나, 정당한 이유 없이 가출하거나 또는 술을 마시고 소란을 피우면 범죄를 저지르지 않아도 소년 사건으로 심리를 받을 수 있도록 규정해요. 그리고 통고 제도를 통해 심리를 받으면 원칙적으로 범죄를 저질러서 심리를 받는 경우와 동일하게 보호 처분을 받을 수 있죠.

이 통고 제도는 무엇일까요? 통고 제도의 목적은 청소년을 보호하기 위해 조만간 범죄를 저지를 위험성이 있다면 범죄를 저지르기 전이어도 소년 재판부에서 심리하고 적절한 보호 처분을 하겠다는 거예요. 쉽게 말하면 사고를 치기 전에 미리 보호 처분을 해서 비행을 예방하겠다는 거죠. 그런데 여럿이 몰려다니거나, 가출하거나 술을 마신다고 조만간 범죄를 저지를 거라고 확신할 수 있을까요? 백 번 양보해서 조만간 범죄를 저지를 것이 매우 강하게 예상되어도, 예상만으로 청소년을 소년 재판부에 나오게 해서 심리하고 보호 처분을 내리는 것이 정당할까요?

만약 성인에게 범죄를 저지를 위험성이 높다는 이유만으로 법정에 세우고 형벌을 부과한다면, 그때도 "당신을 보호하기 위해서 사전에 형벌을 부과하는 것이오."라고 말할 수 있을까요?

범죄를 저지르지 않았음에도 청소년이라는 이유만으로 법원에 불러 심리하고 보호 처분을 한다는 것은 인권 침해의 위험성이 매우 크다고 볼 수 있어요. 성인이라면 상상도 할 수 없는 일이 단지 청소년이라는 이유만으로 이루어지고 있는 거지요. 물론 통고는 찬반이 첨예하게 대립하는 제도예요. 찬성하는 이들은 전과도 남지 않으며 보호 처분은 처벌이 아닌 교육과 복지의 성격을 지니므로 적절한 보호 처분은 오히려 청소년에게 도움이 된다고 주장하죠. 특히 사고가 터지기 전에 청소년에게 신속히 개입할 수 있어 사고 예방에 매우 효율적이라는 점을 강조해요.

하지만 과연 그러한 장점이 청소년의 입장에서도 장점으로 적용될 수 있을까요? 비행을 저지르지도 않았는데 법정에 서야 하고, 보호 처분을 받아야 하는 이들은 다른 누구도 아닌 청소년들입니다. 그리고 통고를 받는 청소년 당사자가 보호로 받아들이지 않는다면 그것은 보호가 아닌 권리의 침해인 거예요. 하지만 법원은 통고 제도를 운영하면서 청소년의 입장에서는 어떠한지를 적극적으로 알아보려고 하지 않는 것 같아요.

이렇듯 보호가 그것을 받는 사람의 입장이 아닌 보호해 주는 사람의 입장에서만 이루어진다면 한순간에 침해로 변할 위험성이 있어요. 보호의 필요성이 큰 청소년은 언제나 침해로 변질된 보호로 인해 피해를 입을 위험에 놓여 있죠. 그렇기에 우리는 모두 보호와 보호라는 이름의 침해를 명확히 구분하고 조심해야 한답니다.

온라인에서도
내 인권을 챙길 수 있을까?

· 사이버 폭력 속 인권 문제 ·

어느 순간부터 우리는 인간관계의 많은 부분을 온라인에서 맺고 있어요. 카카오톡이나 라인, 텔레그램 같은 인터넷 메신저를 통해 대화하고 페이스북이나 트위터와 같은 소셜네트워크서비스(SNS)로 자신의 이야기를 타인과 나누지요. 정도의 차이는 있겠지만 온라인에서 벗어나면 원만한 인간관계를 유지할 수 없을 정도예요. 그렇다고 온라인을 중심으로 인간관계가 맺어지는 걸 나쁘다고만 할 수는 없어요. 전 세계 22억 명의 회원을 보유한 페이스북을 통하면 우리가 소통할 수 있는 범위는 전 세계로 확장됩니다. 스마트폰을 통해 지구 반대편에 있는 친구와 일상생활을 공유할 수도 있어요.

SNS는 인원수에 제한 없이, 동시에 많은 사람들과 소통할 수 있어서 대화의 확장성 또한 상당하죠. 이러한 확장성은 사회의 다양한 부분에서 매우 긍정적인 효과를 만들어요. 예컨대 불우한 이웃을 돕기 위한 모금 활동을 생각해 볼까요? 만일 온라인이 없다면 거리에 나가 시민 한 명 한 명을 만나 모금해야 해요. 하지만 온라인을 이용하면 SNS에 사연을 올리는 것만으로 짧은 시간에 수많은 사람들에게 모금을 할 수 있지요. 때문에 모금 활동을 하는 단체들은 대부분 SNS 계정을 만들어 활동해요.

실제로 SNS에서 짧은 시간에 상당한 기부금이 모금되는 일이 심심찮게 일어나요. 2018년 6월 12일 미국 텍사스의 멕시코 국경에서 한 여인이 국경 순찰대에게 검거되었어요. 온두라스 국적인 그녀는 두 살짜리 딸을 데리고 국경을 넘어 미국으로 향하고 있었어요. 그녀는 불법 이민자였지요. 국경 수비대는 검거 즉시 어린 딸을 그녀와 격리했어요. 몸수색을 당하는 엄마 옆에서 서럽게 우는 딸아이의 사진이 보도되면서 많은 미국 시민들의 비난이 쏟아졌어요. 그리고 샬럿과 데이브 윌너라는 부부는 텍사스의 이민자, 난민 가족에게 저렴한 비용에 법적 변호를 제공하는 비영리 기관 난민이민자교육법률서비스센터를 지원하기 위해 페이스북에 '이민자 부모와 그들의 자녀를 재회하게 하자'는 이름의 모금 페이지를 만들었어요. 이 페이지는 단 사흘 만에 기부금 500만 달러를 모았답니다.

온라인 인간관계가
가진 그림자

하지만 SNS가 좋은 점만 있는 것은 아니에요. 빛이 있으면 그림자도 있듯이 SNS가 지닌 단점 역시 상당하답니다. 우리가 SNS에 과도하게 의지해 소통하는 것과 상당한 관련이 있어요. SNS에서 소외된다는 것은 곧 대인 관계의 단절을 의미하기 때문이죠. '페이스북 저격'이라는 말을 들어 보셨나요? 페이스북에는 '친구'라는 기능이 있어요. '페이스북 친구(페친)'를 맺으면 서로의 계정이 연동되어 상대방의 활동을 공유할 수 있죠. 때문에 페친이 많은 사용자는 그만큼 영향력이 커요.

그런데 간혹 이 영향력을 나쁘게 사용하는 사람들이 있어요. 예컨대 자신의 페이스북 계정에 "A라는 사람은 평소 거짓말을 자주 하고 남들에게 많은 피해를 준다. 나도 여러 번 당했다"는 글을 올린 후에 A의 페이스북 계정 링크를 걸어 두는 거예요. 그러면 페친들은 우르르 A의 페이스북 계정으로 몰려가서 항의 글을 쓰지요. 몇몇은 욕설도 해요. A는 어느 날 갑자기 알지도 못하는 사람들이 자신의 페이스북 계정에 와서 험담을 퍼붓는 상황에 처하게 되죠. 페이스북을 탈퇴하면 이 상황은 해결되지만 쉽사리 그럴 수도 없어요. 그동안 페이스북을 통해 인간관계의 많은 부분을 형성해 왔기 때문이에요. 페이스북에서 탈퇴한다는 것은 인간관계의 단절을 의미하죠. 게다가 자신이 그동안 페이스북에 남긴 많은 기록들도 모두 없어지게 되고요.

하지만 페이스북에 남아 있는 한 사람들은 계속해서 페이스북 계정을 찾아와 험담을 퍼붓지요. 때문에 저격을 당한 페이스북 회원들은 대부분 계정을 비공개로 전환해요. 비공개로 전환해서 아무도 계정에 들어오지 못하게 하고 저격이 잠잠해질 때까지 기다리는 거예요. 오늘날 SNS는 주요 소통 수단으로 자리 잡았기 때문에 사람들은 페이스북을 잠시 비밀 계정으로 전환하는 것만으로도 많이 힘들어합니다.

'카카오톡 감옥'이라는 것도 있어요. 카카오톡은 스마트폰을 사용해 서로 메시지를 주고받는 애플리케이션이죠. 예전에는 문자 메시지를 사용했다면 이제는 대부분의 사람들이 인터넷 메신저를 사용해요. 카카오톡은 인터넷 메신저 중 가장 많은 회원을 보유했고요. 다들 카카오톡을 쓰기 때문에 나만 카카오톡을 사용하지 않는다면 사람들과 소통이 단절될 위험성이 있을 정도예요.

카카오톡 기능 중에는 단체 채팅이라는 것이 있어요. 예전에 문자를 보내던 시절에는 1:1 대화만 가능했어요. 그런데 인터넷 메신저에서는 여러 사람이 동시에 대화를 나눌 수 있지요. 이것을 단체 채팅이라고 해요. 카카오톡 감옥은 이러한 단체 채팅방에 누군가를 초대하고 그를 괴롭히는 것이에요. 여러 사람이 채팅하는 방에서 특정인을 험담하는 것이죠. 만약 그 특정인이 채팅방을 나간다면 곧바로 다시 방으로 초대를 해요. 카카오톡에는 채팅 요청에 대한 거절 기능이 없어서 초대를 계속한다면 사실상 그 채팅방에서 나갈 수 없지요. 이렇게 한 채팅방에 갇혀 계속 험담을 듣는 것을 카카오톡 감옥이라고 해요. 심지어 채팅방의 글을 읽지 않으면 전화를 하거나 직접 찾아가 카카오톡 내용을 확인하도록 협박하기까지 해요. 카카오톡 감옥에 갇힌 사람은 채팅방에 참여한 수많은 사람들의 욕설을 고스란히 들을 수밖에 없어요.

카카오톡 감옥은 청소년들 사이에서 쉽게 일어나지만 형법으로 처벌될 수도 있는 매우 큰 범죄예요. 우선 여러 사람이 볼 수 있는 채팅

공간에서 흉을 보거나 욕설을 했다면 명예 훼손이나 모욕죄로 처벌받을 수 있어요. 게다가 보고 싶지 않은 카톡을 강제로 보게 하였다면 강요죄가 성립될 수 있고요. 이처럼 카카오톡 감옥은 단순히 인터넷 채팅 공간에서 오고 가는 대화가 아니에요. 형법으로 처벌을 받을 수도 있는 중대한 사안이라는 것을 명심해야 해요.

보이지 않는 관계 속
폭력에 대처하는 법

주먹으로 사람을 때리는, 물리적인 폭력만이 폭력인 건 아니에요. 정신적으로 사람을 괴롭히는 것 또한 폭력이죠. 때로는 물리적인 폭력보다 정신적인 폭력이 더욱 고통스러워요. 채팅방에서 수십 명이 동시에 나에게 욕설을 한다고 생각해 보세요. 채팅방을 나가도 곧 다시 초대되죠. 난무하는 욕설에 반응하지 않으면 전화하거나 직접 찾아와 단체 채팅에 참여하라고 강요해요. 무차별적으로 쏟아지는 욕설에 일일이 "미안하다.", "잘못했다." 식의 대꾸를 해야 해요. 그것은 주먹으로 맞는 것보다 가혹한 고통이 되기도 해요.

2018년에는 이러한 사이버 폭력에 못 이겨 고등학교 1학년 김모 양이 스스로 목숨을 끊는 사건이 발생했어요. 김 양은 '멤버놀이'를 하고 있었어요. 멤버놀이는 같은 연예인을 좋아하는 청소년들이 온라인에서만 만나 연예인 정보를 공유하는 것을 말해요. 멤버들이 연예인의 사진이나 글을 올리면 친구들이 댓글을 다는 등 호응해 주지요. 그러던 중 어느 날 김 양은 한 멤버에게서 "자신들한테 사과해야 하는 어떤 사람이 사과하지 않으니 그 사람과 잘 아는 네가 대신 사과하라"는 어처구니없는 요구를 받았어요. 친하다는 이유만으로 대신 사과하라니 말도 안 되지요. 김 양은 당연히 거절했어요. 하지만 그때부터 사이버 폭력이 시작되었어요. 모든 멤버들이 보는 공간에서 모욕적인 말과 협박이 이어졌어요. 심지어 김 양의 신원을 알아내서 김 양의 사진을 올리는 이른바 '신상 털기'까지 일어났죠. 결국 김 양은 고통에 못 이겨 스스로 목숨을 끊었어요. 더욱 충격적인 것은 김 양이 목숨을 끊었는데도 가해자들은 단체 대화방에서 "이렇게 멘탈 약한 애는 처음 본다"며 김 양의 죽음을 조롱했다는 거예요.

이러한 사이버 폭력은 현실 폭력과 달리 물리적인 폭력이 동반되지는 않아요. 하지만 서로 얼굴을 보지 않아서 상대방이 내가 누군지 모른다는 특성 때문에 물리적인 폭력보다 그 내용이 더욱 잔인하다는 특성이 있지요. 게다가 수십 명, 많게는 수백 명에게 동시에 공격을 당하므로 피해자가 받는 정신적인 충격은 엄청날 수밖에 없어요.

사이버 폭력은 여기서 그치지 않아요. 인터넷 데이터는 원본과 사본의 개념이 없어요. '복사해서 붙여넣기'를 하면 원본과 동일한 사본이 만들어지니까요. 그것도 매우 짧은 시간 안에 만들어지지요. 피해자는 없애고 싶은 자료인데도 가해자들이 이것을 순식간에 복제해 퍼

트려요. 가해자를 잡아 처벌하고 사과를 받아도 피해가 끝나지 않아요. 가해자가 올린 자료나 자신의 글을 삭제해도 이미 그 글이 여기저기 퍼져 있기 때문이에요. 사실상 사이버 공간에서 특정 데이터를 모조리 삭제하는 건 불가능에 가깝답니다. 때문에 사이버 폭력을 당한 피해자들은 정신적인 상처에서 헤어 나오기 힘들어요. 심지어 김 양과 같이 스스로 목숨을 끊는 비극까지 발생하죠.

신상 털기나 관련 게시물을 퍼 나르는 행위 역시 심각한 범죄 행위예요. 신상 털기는 개인정보보호법 위반이 될 수 있어요. 퍼 나르기 또한 마찬가지예요. 단순히 다른 사람의 게시물을 옮겼다고 해서 처벌을 피할 수 있는 건 아니에요. 그 게시물에 명예 훼손 등 위법 내용이 있다면 퍼 나른 사람까지도 처벌을 받게 돼요. 하지만 앞서 살펴보았듯 인터넷상에서 정보는 너무나도 빠르게 퍼지기 때문에 이러한 불법 행위는 잠시만 머뭇거려도 걷잡을 수 없을 정도로 퍼져 버려요. 그러므로 사이버 폭력이 발생하면 망설이지 말고 부모님이나 선생님 등 주위에 도움을 요청해야 할 거예요. 만약 정도가 지나치다면, 즉시 경찰에 신고도 해야 합니다.

현대인들의 소통이 점차 온라인에서 이루어지는 것은 돌이킬 수 없는 현상이에요. 앞으로 인터넷이 발전하면서 이러한 현상은 더욱 커질 거예요. 그리고 온라인을 통한 소통을 무조건 나쁘다고 할 수도 없어요. 하지만 인터넷이 발전하고 더욱 많은 사람들이 온라인에서 소통하면서 사이버 폭력이 심각해지는 것도 사실이에요. 당연히 그 부작용도 점점 커지고 있죠. 만약 우리 사회가 사이버 폭력에 대한 자정 능력을 갖추지 못한다면 가까운 시일 내에 이는 돌이킬 수 없는 문제들로 돌아올 것이에요.

교실 속 다문화 갈등은
점점 심해지고 있다

2018년 11월, 인천의 한 15층짜리 아파트에서 14살 청소년이 떨어져 숨지는 사건이 발생했어요. 처음에는 단순한 추락사인 줄 알았는데, 이면에는 매우 충격적인 사건이 숨어 있었어요. 숨진 청소년은 또래 친구들에게 심각하게 구타를 당하던 과정에서 추락한 것으로 밝혀졌어요. 이들은 인근 놀이터에서 숨진 청소년을 1차로 폭행하고 아파트 옥상에 데려가 추가 폭행을 했어요. 숨진 청소년은 옥상에서 폭행을 당하던 중 폭행을 피하려다 변을 당한 것으로 보인다고 하네요.

그런데 사건이 발생하고 며칠 지나지 않아 더욱 충격적인 사건이 발생했어요. 상해 치사 등의 혐의로 경찰에 연행된 가해 청소년 중 한 명이 숨진 청소년의 패딩 점퍼를 입고 있었기 때문이에요. 숨진 청소년의 어머니가 사건을 보도하는 뉴스를 보다가 가해 청소년들이 연행되는 장면에서 가해 청소년 중 한 명이 입은 패딩이 자신의 아들 것 같다고 SNS에 글을 올리면서 이 사실이 알려졌죠. 그런데 가해 청소년은 숨진 청소년의 패딩을 빼앗은 것이 아니라 교환한 것이라고 말해 국민들을 한 번 더 놀라게 했어요.

시간을 1년 정도 더 거슬러 올라가면 또 다른 충격적인 사건을 만나게 됩니다. 2017년 7월, 경북의 한 초등학교 6학년 학생이 실명하는 사건이 일어납니다. 학생이 다니던 학교는 경기도로 수학여행을 떠났어요. 숙소에 도착하자 학생들은 친구들과 장난을 치며 재미있는 시간을 보냈지요. 하지만 그때 사고가 터졌어요. 한 학생이 장난감 화살을 꺼냈어요. 이어 부상을 방지하기 위해 화살 앞에 붙어 있는 고무를 떼어 냈어요. 여기에 커터 칼로 화살 앞부분을 뾰족하게 깎았죠. 그러고는 그 화살을 친구들에게 겨누며 장난을 쳤어요. 특히 한 친구에게 계속 겨누며 장난을 쳤죠. 너무나 무서웠던 그 친구는 벽에 기대 앉은 채 베개로 얼굴을 가렸어요. 하지만 베개를 잠시 내린 순간 화살이 발사되었고 화살은 그대로 그 친구의 눈에 맞았어요. 눈에 화살을 맞은 친구는 곧바로 병원으로 실려 갔어요. 하지만 상처가 워낙 커서 수정체를 제거해야 했지요. 결국 그 학생은 왼쪽 눈을 잃고 말았지요.

아파트에서 추락해 사망한 친구와 장난감 화살에 눈을 맞아 실명한 친구는 공통점이 있었어요. 아파트에서 추락한 학생은 어머니가 러시아인인 다문화 가정의 자녀였어요. 그리고 눈에 화살을 맞은 친구는 어머니가 베트남인인 다문화 가정의 자녀였고요. 우연일 수도 있지만 1년 사이 일어난 두 건의 끔찍한 사고 모두 다문화 가정의 자녀들이 피해자였네요. 물론 이 두 건만으로 다문화 청소년들이 학교 폭력에 더 많이 노출되었다고 단정할 수는 없을 거예요. 우연히 최근 일어난 학교 폭력 사건의 피해자가 다문화 청소년일 수도 있으니까요. 게다가 다문화 청소년들이 학교 폭력에 노출되는 정도를 조사한 연구도 아직까지는 이루어지지 않고 있으니까요.

하지만 현장에서는 다문화 청소년들이 대부분 한국 사회에서 차별을 받는다는 것에 공감하는 분위기예요. 한국어에 서툰 청소년들도 있고 한국어에 유창하더라도 피부색 등이 달라 차별을 당하기도 하지요. 그래서 많은 다문화 가정의 청소년들은 자신이 다문화 자녀임을 숨기려 해요. 다문화 청소년임이 알려지면 단지 '다문화'라는 이유만으로 차별당하기 쉬우니까요.

'다문화'가 무엇이냐에 대해서는 다양한 해석이 있어요. 어떠한 해석은 이해하기 어려울 정도로 다문화를 매우 어렵게 설명하죠. 하지만 "다문화란 지역적 경계에 따라 서로 다르게 형성된 문화를 가진 사람들이 함께 섞여 있는 것" 정도로 이해해도 문제는 없을 거예요. 단순하게 "다양한 문화의 사람들"이라고 해석하면 이해하기는 쉽지만 이것만으로는 설명하기 힘든 사례들이 있어요. 예를 들면 같은 한국 사람이라고 해도 채식을 하는 사람이 있는 반면 육식을 하는 사람도 있죠. 이렇게 음식 문화가 서로 달라도 우리는 채식을 하는 사람과 육식을 하는 사람이 함께 있는 모습을 다문화라고 하지는 않아요. 그러니 우리가 '다문화'라고 이야기할 때는 한국과 지역적인 경계에 따른 문화적 차이가 있어서, 즉 국적이 다르기 때문에 생기는 문화적인 차이가 있음을 뜻한다고 할 수 있겠네요.

다문화에 대해
경직된 우리의 태도

우리나라뿐만 아니라 세계 어느 나라든 '다문화' 문제는 풀지 못하고 있는 숙제예요. 다만 문제를 얼마나 해결하였는지, 해결하기 위해 얼마나 노력하는지는 서로 다르지요. 불행히도 우리나라는 다문화 문제를 잘 풀지 못하는 것으로 보여요. 아쉽게도 이 부분에 대해서도 정확한 통계 자료는 없어서 우리나라의 수준이 정확히 어느 정도인지 객관적으로 알아보기 어렵답니다.

우리나라는 이미 다문화 사회에 접어들었고, 다문화는 더 이상 보고만 있을 수 없는 중요한 문제가 되었어요. 법무부에 따르면 2018년 말 기준으로 우리나라에 머무는 외국인이 200만 명을 넘어섰다고 해요. 이는 우리나라 전체 인구의 4%에 해당해요. 법무부는 이러한 추세를 유지할 경우, 2022년에는 300만 명을 넘어설 것으로 예상해요. 그리고 2040년에는 전체 가정의 20%가 다문화 가정이 될 것이라고 해요. 유엔 인종차별철폐위원회(UN CERD)는 "한국 사회가 다민족 사회가 된 만큼 단일 민족 국가라는 개념을 극복해야 한다"고 권고했어요.

이렇듯 우리는 이미 다문화 사회에 접어들었는데도 아직도 다문화 차별 문제를 해결하지 못하는 이유는 무엇일까요? 가장 큰 이유는 '한민족'이라는 개념 때문일 거예요. 대부분의 나라에는 건국 신화가 있어요. 우리나라 건국 신화는 '단군 신화'죠. 기원전 2333년에 단군 할아버지가 고조선을 세웠다는 내용이에요. 단군 신화는 그 나라의 역사적인 전통성을 만들어 주고 시민들이 결속력 있게 살아가도록 돕는 긍정적인 기능을 해요. 그렇지만 이로 인해 자칫 다른 나라 시민들을 차별하는 집단 이기주의에 빠질 위험도 있지요. 우리나라는 단군 신화에 대한 믿음 그리고 '한민족'이라는 단일 민족 의식이 매우 강한 편이에요. 한반도는 한민족의 나라이고 그렇기에 한민족이 아닌 사람들은 설사 한국 국적을 취득했어도 이방인으로 바라보고는 하죠. 그렇기에 한민족이 아닌 다문화 가정의 청소년들을 차별할 위험이 큰 거예요.

다른 이유로는, 우리에게는 이주민의 경험이 부족하다는 점을 들수 있어요. 미국이나 호주와 같이 처음부터 이주민들이 중심이 되어 만든 이민자 국가들은 당연히 이주민에 대해 더 유연한 태도를 취해요. 이러한 나라들은 인구의 구성도 다양한 민족으로 이루어져 있어서 일찍부터 다문화 문제에 대해 많은 고민을 해왔답니다. 이민자 국가가 아니더라도 영국, 프랑스, 독일 등 유럽의 많은 나라들은 일찍부터 다른 민족들과 교류하면서 다문화에 대한 경험을 쌓아 왔습니다. 하지만 우리나라는 오랫동안 중국, 일본 정도만 교류하면서 다른 민족에 대한 경험을 쌓지 못했어요. 우리나라가 다문화를 본격적으로 경험하기 시작한 것은 1990년대예요. 경제가 발전하면서 이주 노동자들이 들어오기 시작한 시기이지요. 다른 나라에 비하면 매우 늦은 편이라고 할 수 있어요. 이렇게 다문화에 대한 경험이 별로 없어서 그에 대한 준비 역시 상대적으로 부족해요.

이처럼 우리나라는 다문화에 대한 경험이 적은데 반해 이주민들은 급속히 늘면서 사회 곳곳에서 다문화 문제가 생기고 있어요. 그중에도 특히 심각하게 나타나는 곳이 학교예요. 왜 학교에서 다문화 문제가 심하게 드러날까요?

청소년 시기는 아직 사회의 건전한 구성원으로 살아가기 위한 규칙을 완전히 익히지 못한 때예요. 다르게 표현하면 민주 시민으로 살아가기 위한 규칙을 익히는 중이지요. 이를 사회화 과정에 있다고 하기도 해요. 이 사회화 과정에 있는 청소년들은 사회 구성원들 간에 존중하고 평화롭게 살기 위한 규칙을 이행하는 데 아직 어리숙한 면이 있어요. 그래서 자신과 다른 이를 존중하고 조화롭게 지내지 못하거나, 자칫 그들을 차별할 가능성이 더 크답니다. 특히 다문화 청소년들이 말투나 생김새로 인해 다른 학생들과 쉽게 구별된다면 더욱 차별을 당하기 쉬워요. 즉 나와 다른 이들과 어울리며 조화롭게 살아가는 데는 그만한 경험과 배움이 필요한데 아직 청소년들은 그러한 능력이 부족할 수 있는 거지요. 그 결과, 학교에서 다문화에 대한 차별이 더욱 쉽게 일어날 수 있어요.

직장과 교실,
다문화 갈등이 가장 여실히 드러나요

우리나라에서 다문화가 심각한 갈등이 되는 경우는 크게 두 가지예요. 바로 노동계와 학교지요. 우리나라에 들어온 외국인은 대부분 취업이나 결혼을 목적으로 해요. 관광이나 사업을 위해 입국한 외국인들은 한국에 오래 머물지 않고 다시 나가기 때문에 다문화 문제로 이어지지 않아요. 반면 취업을 하러 한국에 들어온 외국인들은 수년, 길게는 수십 년 동안 한국에서 살아간답니다. 물론 아예 한국에 정착하는 경우도 많고요. 한국인과 결혼하려고 온 외국인들은 당연히 우리나라에서 가정을 꾸리고 살아가고요.

결혼 이주민들은 우리나라 곳곳에서 다양한 일을 하면서 살아갈 텐데, 왜 유독 학교에서 다문화 갈등이 문제되는지 궁금해지지요. 사실 결혼 때문에 한국으로 이주해 오는 외국인들은 예전에도 있었어요. 하지만 최근 10~20년 전부터 그 수가 점차 늘어나고 있답니다. 그 결혼 이주민 가정의 자녀들이 자라 학교에 들어가면서 갈등이 생기기 시작한 것이고요. 그래서 고등학교보다는 중학교에, 중학교보다는 초등학교에 다문화 가정 자녀의 비율이 더 많아요. 학년이 낮을수록 다문화에서 비롯되는 갈등도 더 많고요.

한국에서 태어나 한국말을 쓰고 한국 음식을 먹고 한국 문화를 즐기며 살아온 사람들 사이에, 다른 나라에서 태어나 그 나라 말과 문화에 익숙한 사람이 들어오면 익숙하지 않은 상황들이 여럿 생길 거예요. 가장 먼저 드러나는 '다름'은 바로 외모이지요. 사람들은 나라에 따라, 피부색이나 생김새 등이 조금씩 다르답니다. 흔히 흑인이라고 불리는 피부색이 진한 사람도 있고, 백인이라고 불리는 피부색이 밝은 사람도 있죠. 코가 오똑한 사람들도 있고 그렇지 않은 사람도 있죠. 사람들이 각 지역에 떨어져 오랫동안 살다 보니 여러 요인으로 조금씩 생김새가 달라진 거예요.

이렇게 지역별로 생김새가 조금씩 다른 것이 결코 잘못인 것은 아니에요. 그런데도 학교에서는 이 점이 다문화 문제의 원인이 되기도 해요.

다문화 가정의 자녀라고 해도 중도입국 청소년이 아니면 한국말과 한국 문화에 매우 익숙하답니다. 중도입국 청소년은 다른 나라에서 태어나 살아가다 한국에 들어온 경우를 말해요. 이와 달리 부모 중 한 명, 또는 부모 모두 외국인이라고 해도 그 자녀는 한국에서 태어나 쭉 한국 사회에서 자라났다면 문화적으로 한국 사람들과 크게 다르지 않지요. 그래서 이 친구들은 초등학교에 입학해도 친구들과 '문화적인 이유'로 충돌할 가능성은 별로 없어요.

그런데 이렇게 한국 문화에 익숙해도 생김새 때문에 구별되는 거예요. 결혼 이주민 중 높은 비율을 차지하는 동남아시아인은 한국 사람들보다 피부색이 짙고, 동남아시아 출신 다문화 가정의 자녀들도 피부색이 짙은 경우가 많아요. 러시아나 유럽 등과 같이 피부색이 밝은 지역 출신의 다문화 자녀들도 외적으로 다른 점이 보이지요.

그게 과연
차별의 이유가 될 수 있을까요?

단지 생김새가 다르다는 것이 왜 차별의 이유가 될까요? 생각해 보면 한국 사람들도 서로서로 생김새가 달라요. 피부색이 진한 사람과 밝은 사람, 머리가 곱슬인 사람과 직모인 사람, 쌍꺼풀이 있는 사람과 없는 사람 등 저마다 다른 모습이지요.

우리가 무지개색을 일곱 가지라고 말하지만 자세히 들여다보면 무지개는 셀 수 없을 정도로 많은 색의 연속으로 이루어졌어요. 무지개가 일곱 가지 색이라는 것은 우리의 생각일 뿐이에요. 사람도 마찬가지랍니다. 우리는 흔히 흑인종, 황인종, 백인종이라며 사람을 피부색으로 구분해요. 하지만 사람의 피부색은 흑, 황, 백으로만 나눌 수 있는 것이 아니에요. 그 사이사이에 수없이 많은 색의 피부를 가진 사람들이 각각 있답니다. 그렇다면 학교에서 생김새를 가지고 다문화 가정의 친구들을 차별하는 것은 우리가 만들어 낸 차이를 통해 그들을 차별하는 것이에요. 물론 차이가 있더라도 그것이 차별의 이유가 될 수는 없지만요.

그렇다면 다문화 친구들이 차별받지 않으려면 무엇이 필요할까요? 우리가 그들의 문화를 이해하려는 노력이 가장 중요할 거예요. 지금까지 우리 사회는 다문화에 대응하기 위해 주로 다문화 친구들에게 한국 문화를 가르쳐 주는 식으로 노력을 기울였어요. 다문화 사람들이 한국 문화에 빨리 적응하는 것이 다문화 문제를 해결하는 길이라고 생각했기 때문이에요. 하지만 다문화 친구들에게 한국 문화를 알려 주는 것은 근본적인 해결책이 될 수 없어요. 더욱이 한국 문화에 적응한 친구들도 단지 다문화 가정 출신이라는 이유만으로 차별받기도 하잖아요. 이제는 우리도 그들의 문화를 알아야 해요. 차별은 차이를 부정하는 것에서 시작해요. 나와 다르다는 것이 차별로 이어지지 않기 위해서는 차이를 인정해야 한답니다. 그런데 차이를 인정하기 위해서는 다르다는 것을 이해할 수 있어야 해요. "넌 나랑 다르구나!"가 편히 다가오기 위해서는 "넌 그래서 나와 달랐구나!"가 먼저 이루어져야 하는 거죠.

다문화 청소년도 우리나라에서 우리와 함께 살아가는 이웃이에요. 경우에 따라 국적이 대한민국이 아니거나 한국어가 서툴 수도 있어요. 하지만 국적이 다르다고 해서, 한국어가 서투르다고 해서 이들도

인권을 존중해야 할 사람이라는 사실이 달라지는 건 아니에요. 그렇기에 이들에 대한 차별은 어떠한 이유에서든 정당할 수 없어요.

　다문화 청소년을 왕따시키거나 뒷담화를 하는 문제는 친구들과 대화하여 해결할 수 있도록 노력해야 해요. 또는 이주민지원센터나 다문화가족지원센터 같이 다문화 청소년들을 지원하는 기관의 도움을 받을 수도 있어요. 하지만 대화를 통해서도 차별이 해결되지 않거나 폭행이나 갈취 등 범죄 행위로 나아간다면 곧바로 부모님이나 선생님 때로는 경찰 등에 도움을 청해야 한답니다. 폭행이나 갈취는 명확한 범죄이기 때문이에요.

이제는 한국 학생들도 다문화 교육을 받아야 합니다. 중국, 베트남, 일본, 캄보디아, 필리핀, 미국, 영국 등등 다른 나라를 이해해야 그 나라 출신 다문화 가정도 이해할 수 있을 테니까요. 인도에 대한 이해가 없다면 손으로 음식을 먹는 인도인들이 이상해 보일 거예요. 하지만 그 나라에 대해 이해한다면 그것이 하나의 문화라는 것을 알게 될 거예요. 당연히 손으로 음식을 먹는다고 차별하는 일도 없겠지요. 이제 우리와 문화가 다른 친구들이 있다면, 먼저 그 친구 나라의 문화는 어떤 것인지 이해하기 위해 노력해야 한답니다.

십 대,
놀 권리를 박탈당하다

"1. 당사국은 휴식과 여가를 즐기고, 자신의 연령에 적합한 놀이와 오락 활동
에 참여하며, 문화 생활과 예술에 자유롭게 참여할 수 있는 아동의 권리
를 인정한다.

2. 당사국은 문화적·예술적 생활에 완전하게 참여할 수 있는 아동의 권리
를 존중하고 촉진하며 문화, 예술, 오락 및 여가 활동을 위한 적절하고
균등한 기회의 제공을 장려하여야 한다."

혹시 위와 같은 글을 읽어 본 적이 있으신가요? 길게 적었지만 한
마디로 요약하면 '놀 권리'예요. "모든 아동에게는 '놀 권리'가 있다!"
는 이야기지요. 그렇다면 '아동의 놀 권리'를 천명한 이 문구는 어디

에 있는 것일까요? 다름 아닌 'UN 아동권리협약' 제31조의 내용이 랍니다. '아동'이라는 표현이 약간 헷갈릴 수 있겠네요. 협약의 영문 명은 'Convention on the Rights of the Child'예요. 그리고 'child' 를 한국어로 '아동'이라고 번역했고요. 협약은 아동(child)을 "18세 미만의 모든 사람을 말한다(제1조)"고 규정해요. 다시 말해 협약에서 말하는 '아동'에는 우리가 흔히 이야기하는 '청소년'도 해당된답니다. 그렇다면 "모든 청소년에게는 놀 권리가 있다"는 말이 되네요.

혹시 이 글을 읽으면서 "모든 청소년에게는 놀 권리가 있다"는 문구가 놀랍게 다가오신 분이 있나요? "아침에 일어나면 밥 먹고 씻고 학교 가고, 학교가 끝나면 학원에 갔다가 집에 오면 밤인데, 놀 권리가 어디 있어?"라고 말하는 분도 있을 거예요. 아니면 "나는 학교 끝나면 곧장 아르바이트 가야 하고 집에 오면 너무 힘들어서 바로 잠이 드는데⋯⋯." 하는 분도 계실 거예요. 이처럼 'UN 아동권리협약'은 청소년의 놀 권리를 주창하지만 현실에서 청소년은 놀 권리를 온전히 보장받지 못하는 경우가 많아요. 반대로 이야기하면 청소년들이 놀 권리를 보장받지 못해서 'UN 아동권리협약'이 놀 권리를 주창한 것일 수도 있고요.

UN,
십 대의 놀 권리를 선언하다

아동권리협약은 공부 때문에 놀지 못하는 청소년보다는 고된 노동에 시달려 놀지 못하는 아동에 좀 더 초점을 맞췄던 것 같아요. '놀 권리'가 규정된 제31조 바로 다음 조항인 제32조가 아동 노동을 제한하는 것도 같은 맥락입니다.

제32조 제1항은 "당사국은 경제적 착취 및 위험하거나, 아동의 교육에 방해되거나, 아동의 건강이나 신체적 · 지적 · 정신적 · 도덕적 또는 사회적 발전에 유해한 여하한 노동의 수행으로부터 보호받을 아동의 권리를 인정한다."고 아동 노동을 강도 높게 제한합니다.

이 협약은 1989년 11월 20일 채택되어 1990년 9월 2일 발효되었어요. 우리나라도 1991년 12월 20일부터 이 협약이 적용되기 시작했어요. 단순하게 비교할 수는 없지만 1991년 당시 우리나라는 지금처럼 학교가 끝나자마자 학원에 갔다가 밤늦게야 집에 돌아오는 분위기는 없었기 때문에 도입될 때에는 '청소년의 놀 권리'보다 '노동'에 초점이 맞춰졌을 거라고 생각된답니다.

하지만 협약이 '청소년 노동'에 초점이 맞춰졌다고 해서 여전히 '놀 권리'를 침해하는 노동만 신경 써야 하는 건 아니에요. 협약의 내용은 청소년이 충분히 놀 수 있어야 한다는 것이고, 공부든 노동이든 '놀 권리'를 침해하면 안 된다는 것이니까요. 그리고 인권은 시대에 따라 점차 범위가 확대되거나 다양해져 가요. 예전에는 청소년이 노동에서 자유로울 권리가 중요했다면 지금은 지나친 공부에서 자유로울 권리가 중요해진 것이죠. 물론 여전히 과도한 노동에 시달리는 청소년이 있기 때문에 노동으로 인해 놀 권리가 침해되는 청소년을 위한 보호 역시 중요한 인권 영역입니다.

놀 권리는 곧
건전한 시민으로 성장할 권리다

통계청과 여성가족부가 발표한 '2019 청소년 통계'를 살펴보면 2018년 기준 초·중·고교생의 사교육 참여율은 72.8%에 달했어요. 주당 참여 시간은 무려 6.2시간이나 되었지요. 학교급별로는 초등학교(82.5%), 중학교(69.6%), 고등학교(58.5%) 순으로 초등학교가 가장 높고, 상급 학교로 갈수록 낮아지는 경향을 보였네요. 이렇듯 사교육을 받는 시간이 많으니 당연한 결과이겠지만, 하루 여가 시간이 2시간도 채 되지 않는 학생이 전체의 44%에 달했다고 해요. 여가 시간이 1시간 미만인 학생의 비율은 고등학생이 23.3%로 가장 컸고, 초등학생은 14.3%, 중학생은 11.2%였다고 하네요.

아동권리협약은 몇 시간 이상 놀아야 청소년의 '놀 권리'가 보장되는지 구체적으로 제시하지는 않아요. 하지만 절반에 가까운 청소년이 하루 2시간도 놀지 못하는 것은 결코 '놀 권리'가 보장된 모습은 아닐 거예요.

또한 같은 조사에서 중고생 중 9%에 달하는 청소년들이 아르바이트 경험이 있는 것으로 나타났어요. 일주일 평균 근로 일수는 2.7일, 일일 근로 시간은 6.2시간이었어요. 그렇다면 80%가 넘는 청소년들이 사교육이나 아르바이트에 참여한다는 이야기네요. 달리 말하면 80%가 넘는 청소년들이 사교육이나 아르바이트에 여가 시간을 빼앗긴다는 뜻이고요.

그렇다면 아동권리협약은 왜 '놀 권리'를 규정한 것일까요? 바로 '청소년'이라는 사회적·생물학적 특성 때문이에요. 청소년은 생물학적으로 성장기에 해당해요. 청장년과 노년기 사람들도 건강한 삶을 위해서는 휴식을 충분히 해야 하지만, 성장기인 청소년은 '특히' 충분한 휴식이 중요해요. 만약 청소년기에 충분히 휴식하지 못하면 성장에 문제가 생기게 되고 그 결과는 평생 이어지기 때문이에요. 이에 더해 청소년에게 휴식은 단순히 쉬는 것을 넘어 '노는 것'을 뜻해요. 논다는 것은 다양한 문화생활을 접하는 기회가 보장되어야 한다는 것을 의미하고요.

청소년기는 한 사회의 구성원으로 평생을 살아가야 하는 정서적인 기반을 마련하는 시기예요. 그렇기에 청소년에게는 문화생활을 충분히 해서 정서를 발달시킬 기회를 보장받을 권리가 있어요. 그러나 이

시간을 노동이나 공부에 모두 빼앗겨 버린다면 앞으로 한 사회의 구성원으로 건강하고 안정적으로 살아갈 기회를 빼앗기는 결과가 될 거예요. 그렇기에 아동권리협약은 국가에게 청소년이 충분히 놀 수 있도록 보장하라는 의무를 부여한 것이고요.

결국 청소년은 청소년이라는 그 자체로 충분히 놀 권리가 있는 거예요. 그리고 논다는 것은 다양한 문화나 예술 활동 등 그들이 온전히 그리고 행복하게 여가 생활을 할 수 있는 권리를 포함한 것이고요. 하지만 지금 우리나라 청소년들은 공부에 또는 노동에 많은 시간을 빼앗겨 놀 시간이 없죠. 공부나 아르바이트에 시달리느라 우리나라 청소년들은 '놀 권리' 그리고 충분한 여가를 통해 건전한 시민으로 성장할 권리를 침해받고 있는 거예요. 청소년의 인권 측면에서 살펴보면, 공부를 하느라 놀지 못하고, 노동하느라 놀지 못하는 청소년은 그들에게 충분한 복지를 제공하지 못하는 국가에 의해 인권이 제대로 보장되지 못하고 있는 것이랍니다.

인권은
내 삶의 주인이 되기 위해
반드시 알아야 해요

이 글을 읽고 있는 독자들 중에는 아마도 학생들이 많겠지요? 그렇다면 설날이나 추석 같은 명절이 싫은 이들도 많을 거예요. 명절에 흔히 쏟아지는 "반에서 몇 등이나 하니?", "모의고사는 몇 점이나 나왔니?", "대학 준비는 잘 되어 가니?"와 같은 성적에 관한 질문들 때문이지요. 반년 동안 연락도 없던 친척들이 명절 때만 되면 나의 성적에 엄청난 관심을 보이고는 하죠. 성적이 좋은 친구라면 친척들의 질문이 오히려 기다려질 수도 있을까요? 꼭 그렇지도 않을 것 같아요. 친척들이 물어보는 성적은 "얼마나 공부를 잘하고 있니?"가 아닌 "얼마나 친구들보다 잘하고 있니?"라는 상대적인 질문이기 때문이에요. 아무리 성적이 좋다고 해도 1등을 하지 않는 한 나보다 높은 성적은 있을 테니까요.

만일 좋은 성적으로 소위 명문대라고 일컫는 대학에 가면 명절 때 친척들을 만나는 것이 싫지 않을까요? 그렇지 않답니다. 대학생이 되면 질문은 취업으로 바뀌거든요. "취업 준비는 잘 되어 가니?", "영어 성적은 많이 올랐니?" 이렇게요. 만에 하나 대학을 졸업하고 취업을 하지 못한다면 명절은 더더욱 피하고 싶은 날이 될 거예요. "언제 취업할 거니?", "아니 그 좋은 대학 나와서 취업이 안 되니?" 이게 끝일까요? 좋은 성적에, 좋은 대학에, 좋은 직장까지 갖췄다면 이제는 명절 질문 세례에서 벗어날 수 있을까요? 이제부터는 "승진은 언제 하니?", "연봉은 얼마나 받니?", "결혼은 안 하니?", "집은 안 사니?", "아이는 언제 가질 거니?"와 같은 새로운 질문들이 이어지지요. 직장을 가지고 결혼을 해서 아이를 낳으면 명절 질문은 다시 자녀에 대한 질문으로 대상만 바뀌어 이어지고요.

온 가족이 모여 행복해야 하는 명절에 좋은 성적, 좋은 대학, 좋은 직장 그리고 엄친아 자녀를 둔 극소수의 사람들만 행복할 수 있는 질문을 하는 이유는 무엇일까요? 네, 그래요. 사람을 인간 본연의 가치로 바라보지 않기 때문이에요. 성적은 나의 시험 점수가 다른 이들보다 얼마나 높은가를 보여 줄 뿐이에요. 좋은 대학은 대입 성적으로 줄 세워진 대학의 위치를 나타낼 뿐이지요. 좋은 직장은 그곳에서 나의 자아를 실현할 수 있느냐가 아니라 얼마나 많은 연봉을 받느냐를 기준으로 평가될 뿐이고요. 결혼은 아빠, 엄마, 자녀의 구성만이 정상이라고 생각하는 이들의 고정관념일 뿐이에요. 하지만 사람들은 성적, 대학, 직장, 자녀를 기준으로 사람을 평가하지요. 정도의 차이는 있지만 사람을 존재가 아닌 지위로 평가하는 사고방식은 우리 사회에 만연해 있어요.

하지만 사람을 지위로 평가하는 순간 인권이 온전히 보장되기는 어렵답니다. 학생을 성적으로 평가하는 순간, 전교 1등을 제외한 모든 학생들의 가치는 사라질 거예요. 대학으로 사람을 평가한다면 명문대라 불리는 몇몇 대학 출신이 아니면 가치를 인정받을 수 없지요. 직장역시 마찬가지예요. 물론 가족끼리 성적이 높지 않다고 머리채를 잡고 욕하지는 않겠지만 공부로 존재의 가치를 평가받는 구조 속에서는 그 사람이 가진 본연의 가치를 인정받기는 어려울 거예요. 인간으로서의 가치를 인정받지 못하는 구조에 있다면 언제든지 크든 작든 인권이 침해될 상황은 일어날 가능성이 있어요.

만약 백화점 직원과 손님을 지위의 관계가 아닌 사람과 사람이라는 존재의 관계로 보았다면 뉴스에서 흔히 보는 갑질 행태는 나타나지 않을 거예요. 장애인을 차별하는 이유 역시 그들을 자신과 동등한 인격체로 보지 않고 함께하기 불편하고 비용이 발생하는 존재로 인식하기 때문이에요.

그렇다면 모든 사람을 수단이 아닌 가치로 바라본다면 인권이 보장될까요? 맞아요! 사람을 수단이 아닌 가치로 바라본다면 인권이 침해되는 상황은 일어나지 않을 거예요 하지만 사람을 가치로 대하는 것이 결코 쉽지는 않아요. 그것은 무수한 노력이 필요한 일이에요. 명절 때마다 성적을 물어보는 삼촌, 이모들이 조카들의 인권을 침해하려고 그런 말을 했을까요? 절대 그럴 리는 없을 거예요. 이처럼 우리도 모르는 사이에 타인의 인권을 침해하는 상황이 되는 일이 매우 많아요.

우리는 "바보"라는 말을 쉽게 쓰고는 하죠. 언제부터인가 바보는 욕설이나 비속어가 아닌 장난스러운 말 정도로 받아들이는 것 같아요. 간혹 화가 나면 "병신"이라는 말도 자주 내뱉지요. 하지만 바보나 병신은 정신적 장애나 신체적 장애가 있는 이들에게는 매우 모욕이 되는 말이에요. 바보는 지적 장애를 가진 이들을 비하하는 말이지요. 병신은 모든 장애를 가진 이들을 비하하는 말이고요. 우리는 무심코 그런 말들을 사용하지만 그 자체로 장애인의 인권을 심각하게 침해하는 행위가 됩니다. 이렇듯 사람을 가치로 대하고 타인의 인권을 존중하기 위해서는 매 순간 타인의 인권을 존중해야 한다는 긴장감과 관심이 있어야 해요. 또한 우리가 가진 고정관념과 편견을 버려야 하고요. 그래서 매우 어려운 일이 되기도 합니다. 인권이 보장되는 사회는 우리 모두가 타인의 인권을 존중하기 위해 매 순간 부단히 노력해야만 만들 수 있는 것이에요.

우리는 이 책을 통해 인권이 침해되는 상황들을 살펴보았어요. 다양한 영역에서 인권이 침해되고 있는 것도 알게 되었지요. 그만큼 인권은 우리 삶 전반에 영향을 끼치고 있답니다. 앞에서 살펴본 상황들 속에 우리가 있다고 생각해 볼까요? 아니면 반대로 우리가 누군가에게 그러한 상황을 만들고 있다고 생각해 볼 수도 있을 거예요. 인권이 침해되는 사회에서는 우리도 언제든지 인권 침해로 고통을 받거나 다른 사람의 인권을 침해할 위험성이 클 거예요. 반대로 인권을 존중받는 사회에서는 더 이상 이러한 어려움을 겪지 않아도 되겠지요.

여기서 그치지 않아요. 인권을 존중받는다는 것은 인권을 침해받지 않는다는 것에서 그치지 않고 모두 평등하고 동등하게 존중받는 사회를 만들 수 있다는 것을 뜻해요. 타인에 대한 인정과 존중, 그것이 인권의 시작이니까요. 서로가 서로를 인정하고 존중해야만 우리가 살아가는 사회도 행복할 수 있답니다. 인권을 자유롭게 말할 수 있는 사회가 되어야만 그 누구도 평가받고 재단되지 않고 온전한 한 명의 주체로 행복하게 살아갈 수 있을 것입니다.